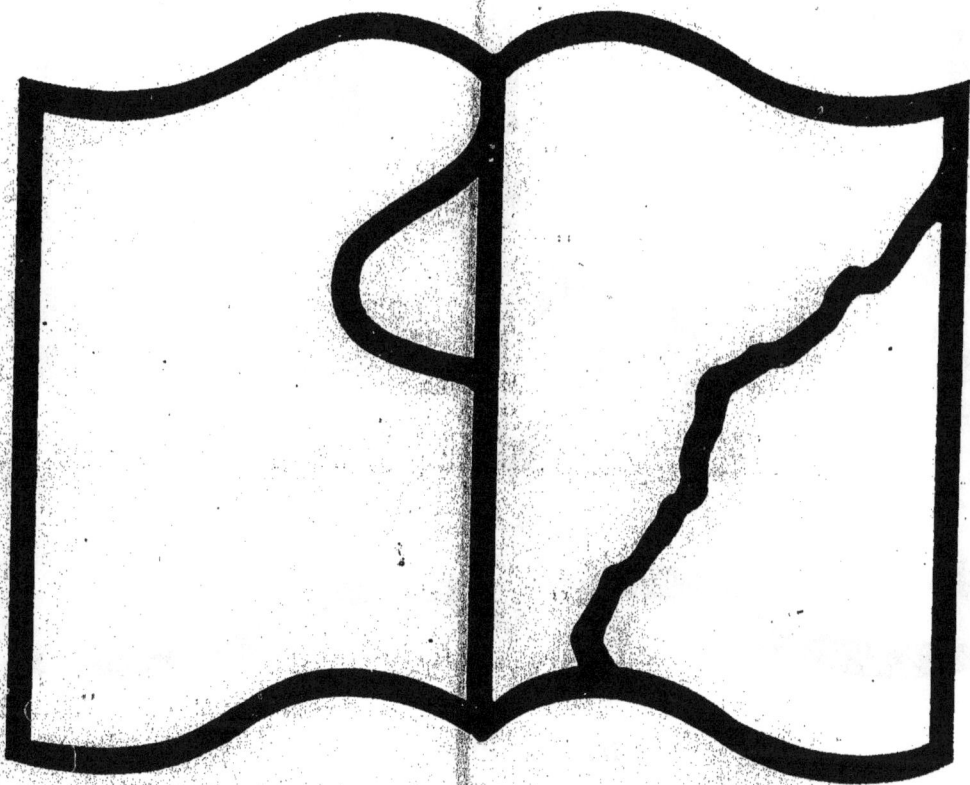

Texte détérioré — reliure défectueuse

NF Z 43-120-11

Symbole applicable
pour tout ou partie
des documents microfilmés

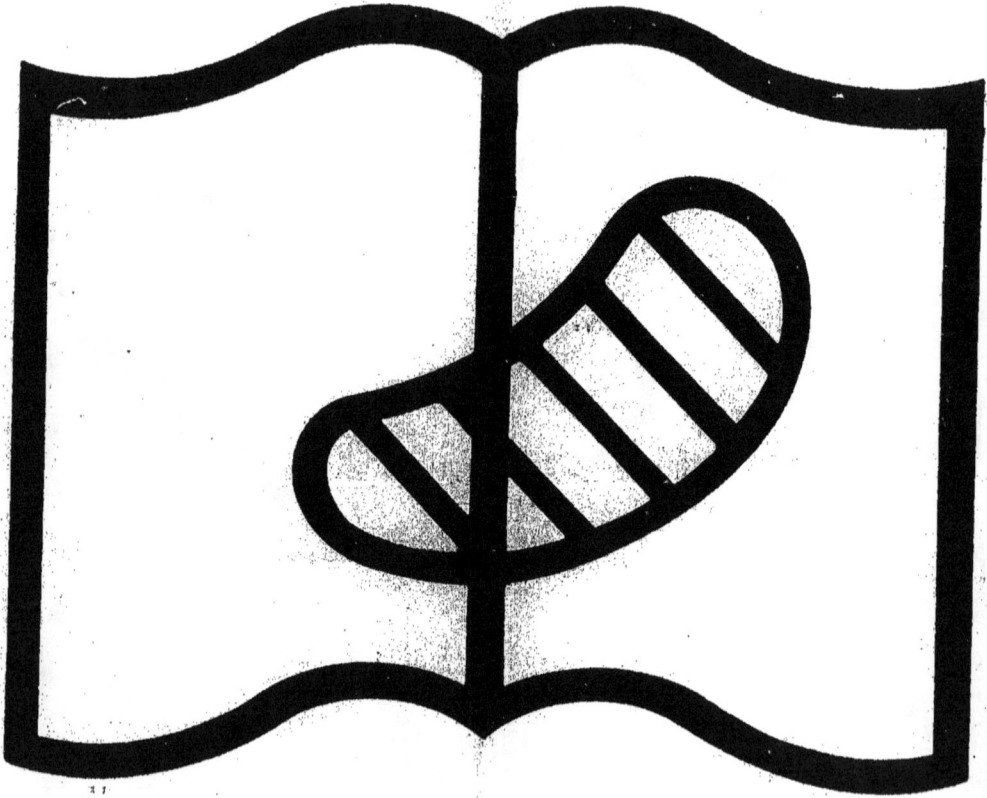

Original illisible

NF Z 43-120-10

Symbole applicable
pour tout,ou partie
des documents microfilmés

LA PHILOSOPHIE

DE

LAMENNAIS

TOURS. — IMP. ARRAULT ET Cie

LA PHILOSOPHIE

DE

LAMENNAIS

<small>PAR</small>

PAUL JANET

<small>Membre de l'Institut</small>
<small>Professeur à la Faculté des Lettres de Paris</small>

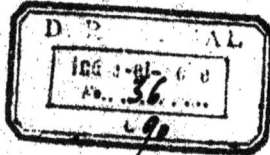

PARIS

<small>ANCIENNE LIBRAIRIE GERMER BAILLIÈRE ET Cⁱᵉ</small>

FÉLIX ALCAN, ÉDITEUR

<small>108, BOULEVARD SAINT-GERMAIN, 108</small>

1890

Tous droits réservés

La publication récente des lettres de Lamennais au baron de Vitrolles (1) a été pour nous une occasion de revenir à l'étude de ce grand et singulier personnage, qui, après avoir fait tant de bruit pendant sa vie, a été si négligé et si oublié depuis sa mort, sort commun aux grands agitateurs, aux polémistes, aux écrivains de combat. La bataille finie, ou remplacée par d'autres batailles, on abandonne les combattants à leur gloire et à l'oubli. Mais, quoique ses livres aient vieilli, Lamennais ne sera jamais complètement oublié, car il est un des plus curieux sujets d'étude que la psychologie puisse se proposer. Aucun homme n'a présenté sous une forme plus aiguë et plus dramatique le spectacle étrange d'un complet renversement d'idées, d'une renonciation absolue à un système, et de la conversion également absolue à un système contraire. Ordinairement ce genre de conversion se fait de l'incrédulité à la religion. Saint Augustin en est un des plus mémorables exemples. Ici, il s'agit au contraire de la conversion inverse, de la religion à la libre pensée, de la doctrine autoritaire à la doctrine libérale et même révo-

(1) *Correspondance* de Lamennais, 3ᵉ volume. Ce volume, publié par les soins de M. Eugène Forgues, fait suite aux deux autres volumes de *Correspondance* publiés déjà par son père, M. Émile Forgues, d'après les indications et sur les prescriptions de Lamennais lui-même.

lutionnaire, et cela non dans la jeunesse, à l'époque où
l'imagination, molle encore, se prête à tous les moules,
mais dans la pleine maturité, après un rôle éclatant et
comme une mission d'en haut dans le camp abandonné.
C'est cette grande crise qui fait de Lamennais un personnage
unique dans notre siècle.

D'autres que lui, sans doute, ont passé aussi de la cause
de l'autorité à celle de la révolution : Lamartine, Victor
Hugo, Chateaubriand lui-même, malgré sa fidélité d'office
à la légitimité ; mais aucun d'eux n'était prêtre, apôtre,
prophète ; aucun n'avait pris parti avec tant de violence et
d'exagération en faveur des doctrines du passé. C'est pourquoi la vie de Lamennais est un drame dans lequel se
concentre tout un siècle. Personne, dans ce siècle, parmi
ceux qui ont vécu de la vie de la pensée, n'a échappé au
trouble d'une situation semblable. Qui n'a été tantôt sé-
duit par le prestige d'un passé traditionnel plein de grandeur et de majesté, tantôt entraîné par l'impulsion enivrante
d'une foi nouvelle et d'une liberté illimitée ? Mais ces luttes,
d'ordinaire, n'atteignent guère que la superficie de l'âme.
La plupart s'en tirent en faisant des concessions aux
deux systèmes, tantôt à la tradition, tantôt à la révolution ;
on passe d'un côté, ou de l'autre, selon les circonstances,
et lorsqu'on se trouve en présence des exagérés de l'un ou
l'autre parti. Suivant le mot spirituel du poète, « on dé-
jeune avec les classiques, on dîne avec les romantiques » ;
et d'ailleurs ce n'est pour la plupart que la moindre partie
de la vie : on fait ses affaires, on soigne sa famille, on va
aux eaux, sans être autrement troublé. Imaginez, au contraire, une âme violente et profonde, qui n'ait pas d'autre

intérêt dans la vie que l'intérêt des idées, pour qui le problème religieux, philosophique et politique est tout ; supposez une âme d'apôtre, enivrée d'absolu, ayant en horreur toute espèce de transaction, et à qui la vérité a toujours apparu sous forme tranchée et extrême ; supposez, dis-je, que cette âme soit atteinte par la crise que nous décrivons, que le vent du siècle soit venu tout à coup la toucher et l'ébranler ; dès lors, au lieu de ces timides compositions qui satisfont le vulgaire, et aussi, — il faut le dire, — les sages, vous aurez une révolution totale, un renouvellement absolu, une violence aussi extrême dans le nouveau sens que dans le premier. De même que, dans les tragédies, l'intérêt, pour être dramatique, doit se concentrer dans une action unique ; de même le combat du siècle entre le passé et l'avenir, pour apparaître dans toute sa grandeur, a dû se condenser dans une seule âme et en un moment unique. Tel est le haut et persistant intérêt que présente la vie de Lamennais, et qui donne à tous ses écrits et aux phases diverses de sa philosophie un caractère si émouvant. On n'a rien à ajouter, comme peinture de la personne et du caractère, à ce qu'un grand écrivain écrivit (1) sur Lamennais quelque temps après sa mort ; mais l'on peut, par une histoire précise de ses idées, par l'analyse suivie de ses travaux, essayer de rendre claire la révolution surprenante qui a tant scandalisé les âmes. C'est surtout ce problème psychologique que, dans les pages suivantes, nous avons pris tâche d'élucider.

(1) Voyez l'article de M. E. Renan dans la *Revue des Deux Mondes* du 15 août 1857 et reproduit dans les *Essais de morale et de critique.*

LA PHILOSOPHIE DE LAMENNAIS

CHAPITRE PREMIER

LAMENNAIS THÉOLOGIEN ET THÉOCRATE

I

On sait peu de chose de la vie de Lamennais pendant son enfance et sa jeunesse. Nous n'avons pas d'ailleurs pour but de faire ici l'histoire de sa vie : c'est l'homme intérieur que nous voulons étudier. A ce point de vue, nous recueillerons seulement dans cette première période, parmi les renseignements incomplets qui nous sont donnés, soit par les parents de Lamennais, soit par ses propres lettres, deux faits qui nous paraissent jeter un grand jour sur l'histoire future de son âme et de sa pensée. Le premier, c'est que Lamennais a commencé, jeune encore, par l'incrédulité, et qu'il n'a fait sa première communion qu'à l'âge de vingt-deux ans. « Il était né raisonneur, dit son neveu, M. Blaize (1) ; quand on voulut lui faire faire sa première communion, les arguments hostiles qu'il avait lus lui revinrent en mémoire ; il étonna grandement le prêtre chargé de le préparer à recevoir le sacrement. On discuta ; on se

(1) *Œuvres inédites* de Lamennais, publiées par Blaize, 1844. Introduction, p. 21.

fâcha ; l'amour-propre était en jeu ; il ne voulut pas se rendre : la première communion fut ajournée. Il passa sa première jeunesse, qui ne fut pas sans orage, dans cet état d'incertitude ; mais le doute était trop antipathique à sa nature énergique... Courbant la raison sous le joug de la foi, il demanda à la religion la solution des problèmes qu'il n'avait pas trouvée dans la philosophie... Toutes ses affec-tions se concentrèrent dans le sentiment religieux, et, fou-lant aux pieds le respect humain, il fit à vingt-deux ans (en 1804) sa première communion. » On regrette de n'avoir pas plus de détails sur une circonstance aussi remarquable. C'est là un fait si étrange, que, s'il n'était attesté par un membre de la famille, on serait tenté de le révoquer en doute. Qu'un enfant ait pu faire quelques objections qui aient retardé sa première communion, on le comprend. Mais que ces objections aient été assez fortes, la résistance assez tenace, pour que dans une famille chrétienne, en Bretagne, avec un frère prêtre, cet enfant ait pu résister à une obligation qui, d'ordinaire, s'impose à tous, qu'il ait pu obtenir de ne faire aucun acte chrétien avant l'âge d'homme, cela suppose une incrédulité bien profonde ; et l'on éprouve quelque inquiétude pour une foi si tardive, qui était déjà elle-même le résultat d'une première con-version.

Un second fait, non moins grave, ou plutôt bien autre-ment grave, et qui nous est attesté cette fois non par un témoin, mais par Lamennais lui-même dans sa *Correspon-dance*, c'est qu'il a été entraîné en quelque sorte malgré lui à l'état ecclésiastique ; qu'il a subi une pression, non matérielle (il avait trente-quatre ans), mais morale, à la-

quelle il n'a pas eu le courage de résister ; une fois le sacrifice fait, il a jeté un cri de douleur dans une lettre déses-
pérée, que nous possédons, et qui jette le plus triste jour
sur la suite de son histoire. Voici ce qu'il écrivait, quelques jours après son ordination, à son frère, l'abbé Jean
de Lamennais : « Quoique M. Carron (son directeur) m'ait
plusieurs fois recommandé de me taire sur mes sentiments,
je crois pouvoir et devoir m'expliquer avec toi une fois
pour toutes. Je suis et ne peux qu'être désormais extraor-
dinairement malheureux... Je n'entends faire de reproches
à qui que ce soit ; il y a des destins inévitables ; mais, si
j'avais été moins confiant ou moins faible, ma position
serait bien différente. Enfin elle est ce qu'elle est, et tout
ce qui me reste à faire est de m'arranger de mon mieux,
et, s'il se peut, de m'endormir *au pied du poteau où l'on a
rivé ma chaîne*, heureux si je puis obtenir qu'on ne vienne
pas, sous mille prétextes fatigans, troubler mon som-
meil (1). »

Ceux qui ont entraîné ainsi Lamennais à cette démarche
violente (l'abbé Carron et l'abbé Jean de Lamennais)
n'avaient pas pour excuse d'ignorer l'état de son âme ; car
voici ce qu'écrivait l'abbé Jean quelques jours après l'ordination de son frère : « Féli a été ordonné prêtre... Il lui en
a coûté singulièrement. M. Carron d'un côté, moi de l'autre,
nous l'avons entraîné ; mais sa pauvre âme est encore
ébranlée de ce coup ». D'un autre côté, un autre ami,
l'abbé Tesseyre, savait si bien les troubles et les hésitations
de Féli, qu'il l'en félicitait et lui écrivait, quelques jours

(1) *Œuvres inédites*, publiées par Blaize, t. I, p. 263.

avant son ordination : « Je vous félicite de ce que Dieu vous prive de tout bonheur en ce monde... Vous allez à l'ordination comme une victime au sacrifice. Le saint autel est dépourvu pour vous de ses ornemens... Vous embrassez la croix toute nue. Qu'avez-vous fait au Père pour être traité comme son fils bien-aimé ? Nous avons célébré notre première messe sur le mont Thabor ; pour vous, il vous sera donné de la célébrer sur le Calvaire. » Ainsi, une mysticité insensée faisait de l'absence de vocation un mérite et un bonheur !

Une fois lié à ce poteau, comme il s'exprime, Lamennais n'eut plus qu'une consolation, celle de se faire le soldat de la cause pour laquelle il s'était laissé enchaîner. Il n'avait pas la vocation ecclésiastique, mais il avait la foi ; et son directeur, l'abbé Carron, avait deviné en lui l'une des futures lumières de l'Église. Déjà, depuis longtemps, Lamennais méditait un grand livre qu'il comptait appeler l'*Esprit du christianisme*, sans doute par analogie et par opposition avec le livre de Châteaubriand. Serait-ce le même que celui qui parut deux ans après (en 1818) sous le titre d'*Essai sur l'indifférence* ? En changeant le titre, aurait-il changé le fond et la composition ? C'est ce que nous ne voyons pas clairement. Peut-être l'*Esprit du christianisme* n'a-t-il existé qu'en projet, et est-il devenu, une fois à l'exécution, l'*Essai sur l'indifférence*. Quoi qu'il en soit, cette occupation même lui était à charge : « Écrire m'est un supplice, disait-il ; je déteste Paris, je déteste tout ». L'œuvre parut à la fin de 1817. Elle eut un prodigieux succès. C'était un nouveau Bossuet, un nouveau père de l'Eglise. Au fond, c'était le livre du désespoir. L'amertume, la violence, le

mépris, toutes les passions que Lamennais faisait éclater
contre l'incrédulité et l'indifférence n'étaient au fond, sans
qu'il le sût lui-même, que l'explosion de ses incurables
douleurs. Un tel livre devait secouer les âmes plus qu'é-
clairer les esprits. Il attaquait à sa racine l'esprit moderne,
s'efforçait de le faire rétrograder jusqu'au-delà du xvi⁰ siècle.
Jamais, depuis longtemps, le catholicisme n'avait pris une
attitude aussi agressive et aussi hautaine. C'était le combat
corps à corps de la foi sans bornes contre la libre pensée.
En même temps, une curieuse question de logique, celle
du critérium de la certitude, était soumise à l'attention des
philosophes et livrait aux écoles un nouveau thème à discussion. L'*Essai sur l'indifférence*, quoique le ton décla-
matoire en ait vieilli, et que la doctrine ait été cent fois
réfutée, n'en est pas moins un événement de la plus haute
importance, au point de vue historique, dans les luttes
philosophiques et religieuses de notre siècle ; et il a laissé
une trace profonde dans la controverse catholique.

Le titre de l'ouvrage de l'abbé de Lamennais : *Essai sur
l'indifférence en matière de religion*, n'indique que d'une
manière assez vague le vrai sujet du livre. Il semble, en
effet, signifier que l'objet de l'auteur est de combattre ceux
qui n'ont aucune opinion dogmatique sur la religion, ni
pour ni contre, — ou ceux qui, croyant vaguement et fai-
blement à la religion, par habitude et routine, mais non
par conviction, vivent et agissent comme s'ils n'y croyaient
pas, — ou enfin ceux qui pratiquent la religion, mais
d'une manière tout extérieure, par convenance, par respect humain, par usage mondain ou calcul politique, mais
qui n'y apportent aucun sentiment intérieur, aucune foi

1.

véritable. Il y a là, en effet, un mal plus grave peut-être que l'athéisme, et Bossuet le dénonçait déjà en ces termes dans l'un de ses sermons : « Je prévois, disait-il, que les libertins et les esprits forts pourront être discrédités, non par aucune horreur de leurs sentimens ; mais parce qu'on tiendra tout dans l'indifférence, excepté les plaisirs et les affaires. » Pascal dénonçait le même mal en termes bien plus énergiques encore dans ce passage célèbre des *Pensées : «* Je ne puis avoir que de la compassion pour ceux qui gémissent sincèrement dans ce doute, qui le regardent comme le dernier des malheurs et qui n'épargnent rien pour en sortir. Mais pour ceux qui passent la vie sans songer à cette dernière fin de la vie et qui, par cette seule raison qu'ils n'éprouvent pas en eux-mêmes des lumières qui les persuadent, négligent d'en chercher ailleurs, je les considère d'une manière toute différente. Cette négligence en une affaire où il s'agit d'eux-mêmes, de leur éternité, de leur tout, m'irrite plus qu'elle ne m'attendrit ; elle m'étonne et m'épouvante. C'est un monstre pour moi. »

Cependant quelque grave que soit, pour la religion, le mal de l'indifférence pratique, ce n'est pas là l'objet de l'ouvrage de Lamennais ; et, en effet, on se représenterait difficilement sur ce sujet un ouvrage en quatre volumes ; c'est le texte d'un sermon, mais non d'un livre. Lamennais signale, à la vérité, ce mal dans son introduction, dans la préface de son ouvrage, et il s'y arrête surtout dans la deuxième partie du premier volume ; mais ce n'est pas son objet principal ; cet objet est tout autre. Il s'agit pour lui de combattre non l'indifférence pratique, mais l'indifférence dogmatique, systématique, l'indifférence voulue et réfléchie d'opinion et de doctrine ; et encore faut-il ici l'entendre dans un certain sens qui n'est pas le sens apparent. En effet, on peut concevoir une doctrine dont le sens serait, par exemple, que nous ne pouvons rien savoir sur tout ce qui dépasse le domaine de l'expérience, c'est-à-dire sur les causes et sur les fins ; que le mieux, par conséquent, est de ne pas s'en occuper, et d'écarter toute recherche métaphysique et théologique : voilà la véritable indifférence systématique en matière de religion. Nous connaissons cette doctrine ; c'est celle que l'on appelle aujourd'hui le positivisme, mais elle n'existait pas à l'époque où fut écrit l'*Essai sur l'indifférence*. L'abbé de Lamennais ne pouvait en avoir connaissance, et même il n'en a jamais eu connaissance. L'école positiviste a toujours été ignorée de lui, même à l'époque où, beaucoup plus tard, il aurait pu la côtoyer et la rencontrer chez des amis communs.

Qu'est-ce donc alors que l'indifférence dogmatique dont parle l'abbé de Lamennais ? C'est la doctrine de ceux qui, tout en ayant une religion, professent l'indifférence sur la vérité religieuse et sur les dogmes essentiels de la religion. Pour bien comprendre cette opinion, il faut se placer au point de vue du catholicisme. Dans cette église, il y a une vérité religieuse absolue sur laquelle il ne peut planer aucun doute, et qui ne laisse aucune latitude au relâchement de l'esprit. Cette vérité est enseignée et dogmatiquement définie par une autorité absolument infaillible, et tout ce qui est en dehors de cette église, toute opinion ou toute croyance qui ne se fonde pas sur l'autorité absolue, visible, divine de l'Église, laisse les âmes plus ou moins incertaines sur telle ou telle partie de la vérité religieuse. Etre en dehors.

du catholicisme, c'est donc être indifférent sur la vérité de la religion ; ce n'est pas croire sans doute que la religion est inutile, comme font les indifférens pratiques ; c'est croire, au contraire, que la religion est utile et peut-être même nécessaire, mais qu'il est indifférent de savoir quelles sont les vérités particulières qu'elle nous ordonne de croire. Telle est l'espèce d'indifférence assez subtile que l'abbé de Lamennais a voulu combattre ; et c'est ce qu'il faut avoir dans l'esprit si l'on cherche à comprendre comment il y fait rentrer le protestantisme, qui est en général au contraire si peu indifférent en matière de religion, mais qui, privé d'une autorité définie, est bien obligé d'admettre qu'il peut y avoir différentes formes de la vérité religieuse entre lesquelles l'homme est libre de choisir ; or c'est cela même qui est l'indifférence.

On devine que l'une des conséquences de cette indifférence sur le fond de la religion est la doctrine de la tolérance ou de la liberté religieuse ; et c'est aussi ce que, dans les écoles de théologie, on appelait l'indifférentisme *(indifferentismus, tolerantismus)*. Cette doctrine signifie que toutes les religions sont bonnes, et même qu'il est permis de n'en avoir aucune, en tout cas que la société n'a pas à s'enquérir des croyances religieuses. L'abbé de Lamennais n'ose pas tout à fait prendre à partie directement cette doctrine ; il n'en fait pas l'objet d'une discussion spéciale *ex professo*, mais on voit que c'est à elle surtout qu'il en veut. Il la rencontre de temps en temps, et il est facile de voir à quel point elle lui est antipathique et odieuse. La tolérance était le contraire de sa nature. A tous les momens de sa vie, ayant passé par des phases diverses et même

contraires, il a toujours été intolérant. C'est en effet une
question de savoir comment la tolérance peut se concilier
avec la conviction, et si admettre la liberté de l'erreur, ce
n'est pas mettre en doute la certitude de la vérité. Sur ce
point, les disciples modernes de l'abbé de Lamennais sont
restés fidèles à son esprit et n'ont jamais caché leurs sentimens. Ils n'admettent pas la liberté du mal, mais seulement la liberté du bien. Or, le bien, c'est leur doctrine;
autrement pourquoi y croiraient-ils ? c'est la vérité pour eux,
puisqu'ils y croient. Comment donc admettre que le faux
puisse être toléré, si ce n'est en admettant que le vrai peut
être faux, et que, par conséquent, la société repose sur le
scepticisme ? On voit comment la question de la tolérance
se lie à celle de la certitude, et l'on comprend que ce traité
de l'indifférence soit devenu, dès le second volume, un
traité de la certitude. Quant à la tolérance, il ne la combat,
il est vrai, d'une manière formelle qu'en passant, mais, au
fond, il la combat partout. Il a trouvé un singulier grief
contre cette doctrine de la tolérance ; c'est, dit-il, « un
nouveau genre de persécution contre l'Église ». En effet,
la conséquence d'une telle doctrine, c'est que non seulement l'erreur est tolérée, mais que la vérité elle-même n'est
que tolérée. Tolérer l'immortalité de l'âme, tolérer l'existence de Dieu, n'est-ce pas le comble de l'insulte ! Cependant
tel est le nouvel état social que nous a fait la Révolution,
et que la Restauration elle-même avait accepté. Ce langage
nous étonne ; nous sommes habitués dans le camp libéral
à considérer la Restauration comme le règne de la religion
d'État, comme le triomphe du clergé dans le gouvernement,
dans l'opinion, dans l'enseignement. Mais Lamennais ne

voit rien de semblable ; il y voit tout le contraire. A l'aide
du verre grossissant de son imagination noire et triste, il
ne trouve dans l'état de l'Église à cette époque que servitude et avilissement. D'après cette manière de voir, on
comprend que, pour Lamennais, la tolérance soit une
persécution.

Telle est l'idée fondamentale de l'*Essai sur l'indifférence*.
Réfuter les diverses doctrines latitudinaires qui ne portent
pas avec elles une autorité décisive, montrer qu'elles
dérivent toutes d'un faux principe, la liberté d'examen,
réfuter par là même la doctrine de la tolérance, et à ce
faux principe de tolérance et de liberté opposer le vrai
principe de la certitude, à savoir l'autorité : tel est le véritable objet de Lamennais, objet qu'il ne définit pas lui-
même avec précision, et qui a fait accuser son livre de
manquer d'unité. Car comment de l'indifférence en matière
religieuse est-il conduit à l'une des questions les plus abstraites et les plus subtiles de la philosophie, celle du
critérium de la certitude ? C'est ce qu'on ne voyait pas
clairement. Mais, au contraire, il est très vrai que son livre
se tient ; et c'est par une logique secrète et rigoureuse que
de son premier point de vue il a été conduit à embrasser
le problème philosophique tout entier.

Il commence donc, dans l'introduction, par traiter de
l'indifférence proprement dite, dans le sens où on l'entend
généralement. Il en fait un énergique tableau. Il réfute
l'opinion de ceux qui nient l'influence des doctrines sur la
société, et cite comme exemple contraire la révolution
française, dont il parle avec l'horreur que l'on avait alors
dans le parti ultra-royaliste. Il montre que croire est

nécessaire à l'homme. Otez le désir ou l'amour, vous ôtez la volonté, ôtez la conviction ou la foi, vous ôtez l'intelligence. D'ailleurs, il n'y a rien d'indifférent en soi. L'indifférence se restreint à mesure que l'intelligence se développe. Supposez un peuple devenu indifférent à tout, même à lui-même : c'est la mort. Cette peinture de l'indifférence et de ses résultats funestes est une belle étude philosophique. Il y a là de la psychologie fine et solide. Le rôle de la croyance, à laquelle la psychologie moderne accorde avec raison une si haute importance, est analysé avec netteté et vigueur. Ce qui est moins bon, c'est le remède que propose Lamennais : « C'est, dit-il, aux gouvernans à guérir les maux de l'indifférence. L'autorité peut tout pour le bien comme pour le mal. » Cependant, suivant lui, loin de mettre un frein à la licence des pensées, les gouvernemens d'aujourd'hui sont les premiers à cesser de croire, et qui de proche en proche répandent l'irréligion partout. A cette époque, on le voit, l'abbé de Lamennais n'hésitait pas à placer dans les gouvernemens toute son espérance, quoiqu'il manifestait déjà très peu de confiance en leur action.

De l'indifférence pratique, Lamennais passe à l'indifférence dogmatique, qui est, nous l'avons dit, son véritable objet. Il distingue trois systèmes d'indifférence : 1º Le système de ceux qui, tout en niant la religion et repoussant pour eux-mêmes toute croyance religieuse, croient que la religion est nécessaire pour le peuple à titre de frein. Ils croient que la religion a été une invention des législateurs, et ils en font un instrument politique. Ce système est l'athéisme. On se demande quelle sorte d'athéisme

Lamennais avait devant les yeux lorsqu'il dénonçait ce
machiavélisme qui, « tout en niant la religion dans le fond,
s'en sert comme d'un instrument ». Ce n'est pas évidemment l'athéisme du xviii° siècle, aussi ennemi de l'hypocrisie des prêtres que du despotisme des rois. C'est vrai-
semblablement le système de l'empire, qui s'était fait, en
effet, de la religion un instrument de règne, et qui avait
été soutenu par un grand nombre d'anciens athées con-
vertis en apparence, et qui avaient remplacé l'athéisme par
l'hypocrisie. 2° Le second système d'indifférence consiste
à croire que la religion est nécessaire aux hommes, mais
que Dieu ne nous a pas fait connaître d'une manière certaine de quelle manière il veut être honoré. Il s'en est
rapporté à notre propre cœur, et il nous laisse libres de
choisir parmi les cultes positifs celui qui nous paraît le
meilleur. C'est le système de la religion naturelle ou du
déisme, tel qu'il est exposé dans le *Vicaire savoyard*.
3° Enfin, le dernier système d'indifférence est celui qui
croit que Dieu a bien voulu se révéler à nous, qu'il nous a
même donné un livre qui contient sa doctrine, mais qu'il
nous a laissé le soin de la découvrir par nous-mêmes, sans
instituer aucune autorité pour interpréter ce livre et pour
discerner le vrai du faux : c'est le protestantisme.

Contre le premier système, qui fait de la religion une
invention des législateurs, Lamennais oppose les argumens
suivans : 1° la religion est à l'origine de tous les peuples;
nul n'en connaît la source. Qui peut se faire fort de l'avoir
inventée? Qui osera dire : en telle année, on a inventé
Dieu? 2° La société est nécessaire, donc la religion est nécessaire; car on n'a jamais vu de société sans religion. Les

hommes n'ont donc pas pu inventer la religion plus que la société. 3° La religion est encore nécessaire comme sanction des lois ; cependant, si elle était une loi comme les autres, comment pourrait-elle leur servir de sanction ? Les philosophes du XVIII° siècle se figurent que les législateurs peuvent tout ; mais est-il donc si facile de changer les idées d'un peuple et de lui faire croire tout ce qu'on veut ? 4° Les dogmes de la religion sont partout les mêmes, dit encore Lamennais, tandis que les institutions politiques changent de peuple à peuple ; comment la religion viendrait-elle donc de la politique ? 5° La religion est un sentiment ; les législateurs peuvent-ils créer des sentimens ? Ont-ils inventé l'amour filial ? 6° Sans religion, pas de morale. Si la religion a été inventée, il faut en dire autant de la morale. Mais le cœur humain se révolte à cette idée. 7° On dit que la religion est nécessaire pour le peuple ; mais on ne croit pas par nécessité. Si la religion est fausse, comment faire croire au peuple qu'elle est vraie, uniquement parce que cela est utile ? Si la religion est nécessaire au peuple, elle l'est à tous les hommes ; alors pourquoi les philosophes s'en exempteraient-ils ? Pour faire croire le peuple, il faudrait que les philosophes donnassent l'exemple ; mais ce serait de l'hypocrisie, et on reconnaîtrait toujours leurs vrais sentimens. Si, au contraire, tout en disant qu'il faut une religion au peuple, ils se séparent de lui par la pratique et continuent à poursuivre la religion de leurs sarcasmes, le peuple s'apercevra qu'on le prend en pitié, et ne tardera pas à rougir d'une religion qui l'humilie.

A la vérité les philosophes que Lamennais vise dans la

controverse précédente auraient un moyen d'échapper aux conséquences qu'il leur oppose et aux contradictions qu'il leur impute, c'est de nier le principe même, à savoir que la religion est nécessaire pour le peuple. Tous les athées du xviii° siècle en général attaquaient, en effet, la religion comme synonyme de superstition et de fanatisme. Mais on remarquera que Lamennais ne combattait pas ce système, c'est-à-dire l'athéisme tout cru; ce qu'il combattait, c'était l'indifférence, ou ce système d'athéisme qui consiste à rejeter la religion pour soi-même, parce qu'on croit n'en avoir pas besoin, et à en professer la nécessité pour le peuple, comme le seul frein possible de ses passions grossières et désordonnées. La force de l'argumentation réside en ceci, qu'il y a des athées assez éclairés pour comprendre la puissance et l'efficacité de la religion. Tels sont, par exemple, Hobbes et Machiavel, et beaucoup de Machiavels au petit pied que l'on rencontre dans les salons. C'est pour ceux-là que la discussion de Lamennais est singulièrement pressante.

A un autre point de vue, cette discussion est encore très intéressante pour nous. C'est une des erreurs fondamentales de la philosophie du xviii° siècle d'avoir attribué une origine factice à tous les faits les plus importans de la nature humaine : la société, le langage, la religion. Partout ces philosophes voyaient dans ces faits naturels l'œuvre d'une volonté réfléchie et calculée. C'est, au contraire, un des services rendus par l'école théologique et catholique, Bonald, de Maistre, l'abbé de Lamennais, d'avoir démontré qu'on n'invente pas un langage, qu'on n'invente pas une religion, qu'on n'invente pas une société comme on invente une machine, que tous ces grands élémens nécessaires à l'existence de l'humanité sont au-dessus de l'art humain. A la vérité ces théologiens remplaçaient la volonté réfléchie par la révélation et par une création extérieure venant immédiatement de Dieu. Ils ne pensaient pas à une origine instinctive et naturelle; et ils combattaient le principe de l'innéité à peu près autant que l'école empirique. Mais c'était déjà beaucoup que d'écarter ce froid système qui ne voit partout qu'invention artificielle et création arbitraire, et qui méconnaît le génie inné et l'inspiration native du genre humain.

Le second système d'indifférence est celui de Jean-Jacques Rousseau : c'est celui du déisme ou de la religion naturelle. Lamennais emploie surtout contre Rousseau l'argument *ad hominem*. Il triomphe des embarras et des incohérences de pensée que l'on peut remarquer dans le *Vicaire savoyard* ; mais peut-être ces embarras tenaient-ils moins au fond du système qu'aux habitudes de la tradition, qui ne permettait pas au philosophe d'exposer dans toute sa sincérité la doctrine d'une religion purement naturelle. Cette argumentation ne triomphe donc de Jacques-Rousseau que parce qu'on y abuse de quelques concessions qu'il est obligé de faire par convenance, en admettant l'hypothèse qu'il y a une religion positive véritable ; mais il ajoutait : « Si tant est qu'il y en ait une ». Au fond la seule religion qu'il reconnaissait, c'est la religion naturelle : c'est la seule qu'il accepte comme nécessaire et comme vraie. C'est elle qui est au fond de toutes les religions positives ; et c'est pourquoi l'on peut rester dans la religion où l'on est né : car toutes, même les plus fausses,

sont des expressions diverses de la religion naturelle ;
c'est donc cette religion universelle et naturelle qu'il faut
combattre, si l'on veut réfuter la thèse de Rousseau. Aussi
Lamennais abandonne-t-il bientôt cette argumentation, qui
est de pure forme, et qui porte plutôt contre les paroles
que contre le fond des choses ; et il porte son attaque sur
la théorie même, c'est-à-dire sur le déisme.

Jamais, dit-il, l'humanité ne s'est contentée du déisme ;
il n'y a pas d'exemple d'une religion purement naturelle.
Quels sont d'ailleurs les dogmes de cette religion ? On ne
peut le dire. Autant de déistes, autant de symboles. Suivant Herbert de Cherbury (1), qui passe pour l'inventeur
du déisme et de la religion naturelle, et qui fut compté,
avec Hobbes et Spinoza, comme un des *trois imposteurs*,
il y aurait cinq articles fondamentaux : 1° l'existence de
Dieu ; 2° nécessité de lui rendre un culte ; 3° la piété et
la vertu forment la partie principale de ce culte ; 4° nous
devons nous repentir de nos fautes; 5° la vie future. On
comprend aisément qu'un programme si vague et si élas-
tique ne se présente pas avec une bien grande autorité.
Un autre déiste, Blount *(the Oracles of the Reason)*, nous
propose sept articles de foi : 1° Dieu ; 2° la Providence ;
3° nécessité d'un culte ; 4° prière et louanges ; 5° obéissance à Dieu en se conformant aux lois de la morale ;
6° vie future ; 7° repentir. C'est à peu près le symbole
d'Herbert de Cherbury, avec la prière en plus. Le célèbre
apôtre du déisme en Angleterre au xviii° siècle, lord Bolingbroke, est beaucoup plus coulant, et il réduit toute la reli-

(1) Voir l'étude de M. Ch. de Rémusat.

gion à l'existence de Dieu, sans tenir même à l'immortalité de l'âme. Il en est ainsi de Chubb, autre déiste qui, pas plus que Bolingbroke, n'admet la vie future : « Autant croire, dit-il, que Dieu jugera tous les animaux ». Jean-Jacques Rousseau est plus exigeant que Chubb et lord Brolingbroke : il croit à la vie future, mais Lamennais lui reproche de faire la part trop belle aux méchans, en supposant que leur seule punition sera le souvenir des maux qu'ils ont faits ; il lui reproche aussi le vague de sa croyance. Rousseau fonde « l'espérance du juste » sur les attributs de Dieu « dont il n'a, dit-il, nulle idée, qu'il affirme sans les comprendre ». En effet, « plus il s'efforce de contempler l'essence infinie de la divinité, moins il la conçoit ». Mais le but principal de l'argumentation de Lamennais, c'est de pousser le déisme jusqu'à l'athéisme ; c'est de montrer que, s'appuyant sur la raison seule, le déiste n'a rien à répondre à l'athée qui s'appuie sur cette même raison : car celui-ci est aussi convaincu qu'il n'y a point de Dieu, que le déiste peut l'être qu'il y en a un. Il met aux prises Rousseau et l'athée, en prêtant à l'un et à l'autre les argumens des philosophes et de Rousseau lui-même : « Je ne connais pas Dieu, dit Rousseau ; mais le plus digne usage de ma raison est de s'anéantir devant lui ». — « Me dire de soumettre ma raison, répond l'athée, avec les paroles mêmes de Jean-Jacques, c'est outrager son auteur. » — « Voyez le spectacle de la nature : nul n'est excusable de n'y pas lire. » — « C'est là un sujet hors de l'expérience humaine. » (Hume.) — « Vous ne nierez pas l'éternelle correspondance de la cause et de l'effet. » — « Pourquoi non ? La liaison de l'effet avec la cause est entièrement arbitraire. »

(Hume.) Ainsi, le même droit qu'invoque le déiste pour ne faire appel qu'à sa raison, l'athée l'a également ; et si l'un s'en sert pour affirmer Dieu, l'autre s'en servira pour le nier. Qui décidera entre eux ? La seule conséquence est donc le scepticisme. C'est ce qu'avoue Rousseau lorsqu'il ne reconnaît à l'homme, pour le distinguer des bêtes, que le triste privilège de s'égarer d'erreurs en erreurs à « l'aide d'un entendement sans règle et d'une raison sans principes ». Lamennais conclut toute cette discussion par ces mots de Bossuet : « Le déisme n'est qu'un athéisme déguisé ».

Le troisième système d'indifférence dogmatique est le protestantisme. On ne veut pas dire que les protestans soient individuellement indifférens en matière religieuse ; ils peuvent être croyans et pieux ; mais c'est leur principe qui les entraîne hors de leurs croyances. Sans doute, le protestantisme réfute le déisme, comme le déisme réfute l'athéisme ; mais le protestantisme est entraîné vers le déisme, comme le déisme vers l'athéisme. Le dogme protestant repose sur une condition fondamentale : d'une part, il admet la révélation ; de l'autre, il subordonne la révélation au jugement de la raison. Luther en faisant appel au jugement individuel pour interpréter l'écriture, et en proclamant par là même la souveraineté de la raison, a ouvert en Europe un cours de théologie expérimentale. Toutes les doctrines religieuses se sont fait jour. Le christianisme s'est à la vérité maintenu, mais c'est grâce aux relations qui rattachaient encore la foi nouvelle à la foi ancienne. C'est le catholicisme qui maintenait le protestantisme dans certaines limites consacrées. A l'origine, on reconnaissait encore plus ou moins l'autorité de l'Église, au moins des conciles. Mais, peu à peu, les protestans ont été entraînés vers le socinianisme, c'est-à-dire vers le déisme et l'indifférence. Que pouvaient, en effet, répondre les protestans aux sociniens qui se servaient des mêmes armes qu'eux ? Sans doute, il y a une autorité : c'est la Bible. Mais qui l'interprètera ? Autant de têtes, autant de docteurs. Où voyez vous dans le protestantisme les caractères de la véritable Église ? L'Église est une, car il n'y a qu'une vérité ; elle est perpétuelle, car la vérité ne peut changer. Où est l'unité chez les protestans, qui sont partagés en sectes innombrables ? Où était votre Église avant Luther ? On est obligé de répondre avec le docteur Claude : « L'Église n'est dans aucune secte en particulier, mais elle est répandue dans toutes. Donc toutes sont vraies à la fois. C'est la doctrine même de l'indifférence. »

Pour sauver l'unité de l'Église dans la diversité des sectes, il faut abandonner tout ce qui divise, et ne conserver que les points communs, lesquels seuls sont essentiels. C'est ce qu'on appelle chez les protestans la doctrine des « articles fondamentaux ». Mais cette doctrine n'est pas dans l'écriture. Ni les conciles ni les pères n'ont jamais parlé de dogmes à choisir dans la révélation. Comment admettre une révélation où les fidèles seraient libres d'en prendre et d'en laisser à leur gré, et où il serait permis de rejeter des vérités révélées, sous le prétexte qu'elles sont moins importantes que les autres, ou que Dieu n'a pas parlé assez clairement ? L'autorité d'une révélation n'est-elle pas toujours la même, quelle que soit l'importance des dogmes ? Sur quels principes d'ailleurs s'appuiera-t-on pour faire le

triage entre ce qui est fondamental et ce qui ne l'est pas ?
Jurieu donne trois règles, qui toutes trois sont absolument
insuffisantes. La première est une règle de sentiment. « On
sent, dit-il, les vérités fondamentales du christianisme,
comme on sent la lumière quand on la voit, la chaleur
quand on est auprès du feu, le doux et l'amer quand on
mange. » C'est la règle de Rousseau : « Ma règle est de me
livrer au sentiment plus qu'à la raison. J'aperçois Dieu ;
je le *sens*. » Mais cette règle est arbitraire. L'athée qui ne
sent rien du tout peut être à plaindre, mais non à condamner ; car personne n'est maître de se donner un sentiment qu'il n'a pas. Dans le sein de la réforme, chacun
avait sa manière de sentir ; l'arménien ne sentait point la
nécessité de la grâce, ni le socinien celle de la divinité de
Jésus. Cette règle, d'ailleurs, conduisait à un fanatisme
insensé. Toutes les extravagances des anabaptistes, des
trembleurs, des indépendans venaient d'un prétendu sentiment immédiat, qu'ils donnaient comme une inspiration
de la divinité. — La seconde règle de Jurieu était
d'admettre tout ce qui était d'accord avec les fondemens
mêmes du christianisme. Mais cette règle est une pétition
de principe. Car la question était précisément de savoir
quels sont les vrais fondemens du christianisme. Ainsi
cette règle est inutile ; car, qui peut juger de la liaison
d'un dogme avec un autre dogme qu'on ne connaît pas ?
— De là la nécessité d'une troisième règle : Tout ce que
les chrétiens ont cru unanimement et croient encore
partout est fondamental et nécessaire au salut. « Je crois, dit
Jurieu, que c'est encore la règle la plus sûre. » Cette troisième règle devait fort embarrasser Lamennais ; car, au fond

c'est son propre critérium, à savoir l'autorité de tous, ou, à défaut de tous, du plus grand nombre. Il ne pouvait reconnaître l'autorité de cette règle sans changer immédia⁻ tement de sujet, entrer dans la question de la certitude, proposer ses propres principes et renoncer à sa controverse. Mais c'était entrer trop tôt dans le camp réservé. Il n'était pas temps de se découvrir, et d'expliquer ce qu'il entendait par le principe d'autorité. Il se contente de faire remarquer qu'il n'y a unanimité sur aucun point parmi les protestans, qu'il n'y a pas un seul dogme qui n'ait été nié par quelque hérétique. D'ailleurs, les protestans n'admettent aucune autorité divine ; or le consentement de tous les chrétiens n'est qu'une autorité humaine et, par conséquent, insuffi- sante. — La réforme, par la force des choses, fut amenée à substituer à ces règles arbitraires d'autres règles que Bossuet résume en ces termes : « Il ne faut reconnaître d'autre autorité que l'Écriture interprétée par la raison. L'Écriture, pour obliger, doit être claire. Lorsque l'Écri- ture paraît enseigner des choses inintelligibles et où la raison ne peut atteindre, il la faut tourner au sens dont la raison peut s'accommoder, quoiqu'on semble faire violence au texte. » Ces règles ne sont que le développement du principe même du protestantisme ; mais elles subordonnent complètement l'autorité de l'Écriture à celle de la raison. Les protestans, dans la pratique, ont donc été amenés peu à peu à n'avoir d'autre règle que celle de la raison individuelle. Dès lors, impossible d'exclure aucune opinion. Il faut admettre toutes les sectes, et même toutes les religions, y compris la religion naturelle ; et alors pourquoi pas l'athéisme lui- même? Car l'athée parle également au nom de la raison.

2

La conclusion générale de tout ce premier volume, qui fut considéré par tous les catholiques comme le plus beau et le plus fort de l'ouvrage, c'est qu'en dehors du catholicisme, tous les systèmes rentrent les uns dans les autres; le protestant ne peut se défendre contre le déiste, le déiste contre l'athée, et tous vont se perdre dans l'abîme de l'indifférence absolue et du doute universel. Ainsi la raison ne conduit qu'au scepticisme, et il faut chercher un autre principe de certitude.

II

Lorsque Descartes proposa comme méthode en philosophie l'examen personnel et le doute universel jusqu'à ce que l'on ait rencontré l'évidence, il est remarquable que personne ne parut deviner la gravité de cette proposition et n'en vit les conséquences. Parmi les objections de toute nature qui s'élevèrent contre les *Méditations* de Descartes, pas une ne porta sur ce point capital. Sans doute, Hobbes, Gassendi, demandèrent à quoi l'on reconnaissait l'évidence; mais ce n'étaient que des objections spéculatives faites d'ailleurs dans l'intérêt du scepticisme. Mais ni Arnault (1) ni les théologiens ne remarquèrent que cette méthode était l'appel au sens individuel et à la liberté de penser. Les plus grands catholiques du siècle, Fénelon et Bossuet, ne craignirent pas d'approuver la méthode

(1) Arnault dit seulement: « Je crains que quelques-uns ne s'offensent de cette libre façon de philosopher... J'avoue néanmoins qu'il tempère un peu le sujet de cette crainte dans l'abrégé de la première méditation. »

cartésienne ; Fénelon s'en sert lui-même dans son *Traité de l'existence de Dieu*, et la pousse même si loin, qu'il va jusqu'à douter du : « Je pense, donc je suis, » ce que Descartes n'avait pas fait. Bossuet, dans la *Connaissance de Dieu et de soi-même*, affirme que nous pouvons, si nous le voulons, ne jamais nous tromper ; il nous suffit, dit-il, de suspendre notre jugement quand nous ne sommes pas en présence de l'évidence absolue : c'est bien la méthode du doute universel. Enfin l'un des adversaires de Descartes, le représentant de la Société de Jésus, le père Bourdin, bien loin de reprocher à Descartes la témérité de son doute lui reproche au contraire, de ne rien dire de nouveau, cette méthode étant depuis longtemps connue et pratiquée dans les écoles sous le nom de *doute métaphysique*. Ainsi personne ne voyait là autre chose qu'un procédé spéculatif sans danger et sans conséquence. Il avait suffi à Descartes de mettre à part les vérités de la foi et les principes de l'ordre politique pour écarter tout scrupule, et pour qu'en philosophie tout le monde reconnût qu'il avait raison. Cependant il n'était pas douteux qu'une fois cette méthode adoptée, elle ne dût s'appliquer partout. Bayle la tourna au profit du scepticisme. Voltaire l'appliqua à la religion ; Montesquieu, Rousseau et tout le xviiie siècle à l'ordre social et politique.

L'originalité de l'abbé de Lamennais fut de voir ce que n'avaient vu ni de Maistre, ni de Bonald, ni les apologistes du xviiie siècle ; à savoir que, si l'on voulait sauver l'autorité de l'Église, il fallait remonter à la source du scepticisme moderne, c'est-à-dire au principe du libre examen, à la règle de l'évidence, à l'autorité de la raison individuelle. Accorder

à chacun le droit d'examen et celui de décider sur le vrai et
sur le faux, c'est faire de l'individu le juge et le maître de
la vérité ; c'est admettre comme vrai ce qui paraît à chacun
comme tel : c'est l'anarchie. Personne n'ayant autorité pour
s'imposer à personne, toutes les opinions sont égales en
droit ; et comme ces opinions sont contradictoires, c'est
admettre que le oui et le non peuvent être vrais en même
temps. Par conséquent la liberté de penser aboutit forcé-
ment au scepticisme.

C'est ainsi que la philosophie de l'abbé de Lamennais répond à celle de Descartes à travers deux siècles. Elle reprend la question juste au point où Descartes l'avait posée
au début de sa doctrine par son doute méthodique et sa
doctrine sur le critérium de l'évidence. Lamennais prétend
que cette méthode concentrée dans l'évidence intérieure est
la méthode même de la folie, et qu'elle n'a aucune défense
contre la folie elle-même. Il imagine un dialogue entre un
cartésien et un fou qui prétend être Descartes, et il montre
que le premier ne peut rien prouver contre l'évidence intérieure dont le fou peut se prévaloir : « Ce n'est pas sérieu-
sement que vous prétendez être Descartes ; songez que ce
grand homme est mort depuis plus de cent cinquante ans.
— C'est vous qui plaisantez quand vous dites que Descartes
est mort ; car je suis Descartes, et certainement je vis. —
Quoi ! vous êtes Descartes, l'auteur des *Méditations et des
Principes ?* Allez, vous êtes un fou. — Une injure n'est pas
une raison ; si j'ai tort, prouvez-le-moi. — Allez en Suède,
et l'on vous montrera son tombeau. — Comment pouvez-
vous me proposer d'aller en Suède pour me convaincre que
j'y suis enterré ? — Jamais homme n'a vécu deux cents ans.

— Pardonnez-moi ; en tout cas, j'en serais le premier exemple. — Il suffit de vous voir pour être certain que vous ne sauriez avoir cet âge. — Vos sens vous trompent. — Consultez les autres hommes. — Les hommes se trompent sur tant de choses qu'ils peuvent se tromper sur celle-là. — Reconnaissez au moins l'autorité de la raison. — C'est à celle-là que je vous rappelle. Dites-moi, croyez-vous que vous existez ? — Sans doute. — Et comment en êtes-vous sûr ? — Parce qu'il m'est impossible d'en douter. — Eh bien ! je vous déclare que j'ai une perception très claire et très distincte que je suis réellement Descartes, et la preuve, c'est qu'il m'est impossible d'en douter. — Je vous l'avais bien dit, il est fou, et de plus incurable. Quel dommage ! car sa folie même annonce une tête très philosophique. »

— Suivant Lamennais, le philosophe n'aurait pas le droit de dire que cet homme est fou ; car en affirmant qu'il est Descartes, il suit rigoureusement les principes de la méthode cartésienne.

Lamennais ne manque pas d'invoquer contre Descartes l'argument du cercle vicieux, à savoir la preuve de l'évidence par la véracité divine. Cette objection avait été faite déjà à Descartes, dès l'origine, par Arnault : « Il ne me reste plus qu'un scrupule, disait celui-ci, qui est de savoir comment il se peut défendre de ne pas commettre un cercle lorsqu'il dit que nous ne pouvons être assurés que les choses que nous connaissons clairement et distinctement sont vraies qu'à cause que Dieu est ou existe. Car nous ne pouvons être assurés que Dieu est, sinon parce que nous concevons cela clairement et distinctement. » Descartes répond qu'il n'a pas subordonné à l'existence de Dieu l'évidence immé-

diate, mais seulement l'évidence de raisonnement, celle en
vertu de laquelle nous croyons vrai ce que nous nous sou-
venons avoir précédemment démontré : c'est donc la certitude de la mémoire plutôt que celle de la raison elle-même
que Descartes fonde sur le principe de la véracité divine.
Il est douteux que cette explication satisfasse complètement
à l'objection du cercle vicieux. En tout cas, Lamennais
n'en tient aucun compte, il voit dans l'appel à la véracité
divine l'aveu de l'insuffisance du critérium de l'évidence.

Ainsi, par sa polémique contre la raison individuelle,
Lamennais est entraîné à une entreprise logique semblable
à celle que l'on a imputée à Pascal ; il reconnaissait lui-
même la parenté de ces deux systèmes : « L'ouvrage de
Pascal, écrivait-il à son frère en 1817, avant la publication
de son livre, doit se retrouver presque en entier dans le
mien, et n'en fera pas loin de la moitié (1). » Cette entreprise commune était d'appuyer la foi sur le scepticisme,
de montrer l'impuissance de la raison pour prouver la nécessité de l'autorité. Ne semble-t-il pas entendre la voix de
Pascal, lorsque Lamennais nous dit : « Il faut pousser
l'homme jusqu'au néant pour l'épouvanter de lui-même ».
Il invoque l'autorité de Pascal en citant ce mot célèbre,
comme le résumé de sa propre philosophie : « La raison
confond le dogmatisme, la nature confond le pyrrhonisme ».
On a contesté le scepticisme de Pascal en disant qu'au fond
sa philosophie est dogmatique et croyante. Mais n'en est-il
pas de même de l'abbé de Lamennais ? Celui-ci ne conteste
pas non plus l'existence d'une certitude. Il dit seulement

(1) *Œuvres inédites* de Lamennais, par Blaize (1866), t. I, p. 279.

qu'elle n'est pas dans la raison individuelle. Il faut donc la chercher ailleurs, c'est-à-dire dans la raison universelle.

Voici les argumens de Lamennais : 1° le jugement de plusieurs a plus d'autorité que celui d'un seul ; 2° même dans les sciences, le sens commun est encore l'autorité, car les sciences s'appuient sur ce qui est reconnu par tous les hommes. Lamennais oublie de rappeler et d'expliquer les erreurs universelles, par exemple celle de la négation des antipodes et celle de l'immobilité de la terre ; 3° en morale, pour la distinction du bien et du mal, l'accord des opinions vaut mieux que tous les raisonnements. Ici encore, il eût fallu expliquer les erreurs universelles telles que les sacrifices humains, l'esclavage, la torture, etc. ; 4° quand on n'est pas d'accord, on s'adresse à un arbitre ; 5° l'enfant qui est le plus près de la nature s'en rapporte à l'autorité de ses parens et de ses maîtres ; 6° nous avons tous un penchant invincible à croire à l'autorité du sens commun. Conclusion : le vrai critérium de certitude est dans l'autorité du genre humain, et la certitude croît avec le nombre des témoins. On demande pourquoi la certitude serait dans la société et non dans l'individu. C'est que l'individu n'est pas fait pour lui-même et ne se suffit pas à lui-même. Il est fait pour la société, et il n'est rien sans la société. La vérité est une « production sociale ». Le développement de la raison est dû au développement de la société.

Cette doctrine fût-elle admise, on ne voit pas tout d'abord qu'elle aille au but visé par l'abbé de Lamennais, à savoir de soumettre la raison individuelle à l'autorité et surtout à l'autorité de l'Église. Voici par quel lien ces deux doctrines se rejoignent. Si chaque individu ne peut rien décider par lui-même, il faut qu'il se soumette à quelque chose d'antérieur et de supérieur à l'individu : or ce quelque chose est la « tradition », c'est-à-dire la vérité reçue par le genre humain dès l'origine. L'autorité est donc « la raison universelle manifestée par le témoignage et par le langage». Mais cette vérité elle-même, d'où vient-elle ? Puisque aucun individu n'a pu la trouver par lui-même, tous ont dû la recevoir d'ailleurs. Elle vient donc d'une source plus haute ; elle est *révélée*. Cette raison est Dieu. Dieu est la vérité même se manifestant au genre humain. Lamennais admet entièrement la doctrine de Bonald sur l'origine du langage ; la raison n'est autre chose que la parole divine. La vérité nous est révélée en même temps que le langage.

Ainsi, c'est parce qu'elle émane de Dieu que la raison générale est infaillible, et nous croyons qu'il y a un Dieu en vertu de la raison générale. N'y a-t-il pas là une pétition de principes analogue à celle que Lamennais reprochait à Descartes ? Dans son chapitre sur Dieu, qui d'ailleurs est fort beau, Lamennais confond, sans s'en douter, deux idées différentes, à savoir, d'une part, que Dieu est prouvé par le témoignage, par le consentement universel ce qui est fonder Dieu et la vérité sur un fait tout extérieur ; et, d'autre part, que Dieu est la vraie source, le vrai fondement essentiel de la vérité, ce qui est la doctrine de Platon et de Descartes, de Malebranche et de Leibniz, de Bossuet et de Fénelon, c'est-à-dire de tous les grands dogmatistes, lesquels ne reconnaissent cependant d'autre autorité que la raison.

Dans la *Défense de l'Essai*, Lamennais s'efforçait de répondre aux difficultés soulevées contre son ouvrage. Cette défense, sur quelques points, éclaircit la pensée de l'auteur ; peut-être aussi sur quelques points l'auteur recule-t-il devant les objections. On l'a combattue, dit-il, comme s'il avait soutenu l'impuissance absolue de nos facultés, et on l'a accusé de scepticisme. Mais il n'a pas dit, au moins n'a-t-il pas voulu dire que nos facultés fussent absolument impuissantes. Il n'a pas dit qu'elles nous trompent toujours. Il a dit, comme Descartes, qu'elles nous trompent souvent, et qu'elles ne portent pas avec elles un signe infaillible pour distinguer quand elles nous trompent et quand elles ne nous trompent pas. Il leur a refusé, non la vérité, mais la certitude et l'infaillibilité. Voici d'autres objections, avec les réponses de l'auteur : Si l'homme n'a pas le moyen de distinguer la vérité, comment reconnaîtra-t-il la vraie autorité ? Lamennais répond qu'on ne prouve pas l'autorité, mais qu'on la constate comme un fait. Soit ; mais encore faut-il la constater, et on ne le peut que par le moyen des facultés dont Lamennais a soutenu l'insuffisance et l'incertitude. — Nous ne connaissons le émoignage que par la raison individuelle ; c'est donc toujours la raison individuelle qui juge. Cette difficulté, répond Lamennais, vaudrait contre les catholiques en général aussi bien que contre notre système ; car certainement c'est par la raison que nous connaissons les preuves de l'Écriture, et certainement l'Écriture est au-dessus de la raison. D'ailleurs on confond deux choses : la raison et les moyens extérieurs par lesquels la vérité lui est manifestée. Sans doute, l'homme ne peut comprendre qu'avec son esprit, juger qu'avec sa raison. Aussi ne disons-nous pas que le témoignage est la raison même ; il est la lumière qui éclaire la raison, il n'est qu'un

motif de crédibilité, mais le plus fort de tous et le seul
infaillible. — Au moins ne nierez-vous pas la certitude de
l'existence personnelle ? La certitude de fait, non ; mais la
certitude rationnelle, oui ; car Descartes lui-même le reconnaissait. Il n'y a que Dieu qui ait la certitude rationnelle
de son existence. — Enfin, on objectait à Lamennais qu'il
était à craindre que ce mode nouveau de démonstration
n'affaiblît les preuves traditionnelles du christianisme. Lamennais répond qu'il les laisse toutes subsister en les for-
tifiant ; cela est fort douteux ; car s'il n'y a de certain que
ce qui se fonde sur l'autorité du genre humain, comment
croire à la certitude d'une croyance qui n'a pour elle qu'une
faible portion de l'humanité ? Il faut arriver à dire que ce
n'est pas le nombre des autorités, mais la qualité qui dé-
cide. Mais n'est-ce pas changer de principe ?

Deux mots en terminant cette analyse sur ce système si
souvent discuté dans les écoles, et combattu au moins
autant par les théologiens que par les philosophes. Il a été
surabondamment démontré que cette doctrine est insoute-
nable sous sa forme absolue, et dans sa prétention de
supprimer l'examen et de tout subordonner à l'autorité.
N'y a-t-il pas cependant une part de vérité dans la thèse de
Lamennais ? N'invoque-t-il pas un fait vrai et attesté par la
conscience de chacun, lorsqu'il dit que chacun de nous
doute de lui-même, tant que son opinion est isolée et qu'il
ne peut compter que sur sa seule adhésion ? N'est-on pas au
contraire tranquillisé et affermi lorsque l'on rencontre quel-
qu'un qui pense comme nous ? « Je ne suis donc pas fou ? »
dit-on alors. Plus le nombre des adhérens augmente, plus
on est tranquille. De là le besoin qu'éprouvent tous ceux

qui ont une opinion vive de faire corps, de s'organiser en groupes, de former des sectes, des écoles, des partis, de multiplier par l'autorité du nombre des voix la valeur de chaque voix individuelle. Mais cela même a son excès. Chaque groupe peut être égaré comme chaque individu ; l'esprit de secte et de parti a ses dangers comme l'amour-propre individuel. Aussi les esprits les plus éclairés éprouvent-ils le besoin de sortir des groupes, des sectes et des écoles, et de s'entendre avec les autres groupes, les autres sectes, les autres écoles. Quand on en vient à un point où tout le monde est d'accord, on a l'esprit tout à fait satisfait. Même dans les sciences, l'accord est encore un critérium. Est déclaré absolument vrai ce dont on ne discute plus. Tant qu'on dispute, c'est qu'on cherche. Le principal argument du positivisme contre la métaphysique est tiré des controverses éternelles des métaphysiciens, tandis que, dans les sciences, il y a un fonds de vérité toujours croissant qui échappe à la controverse. Cet argument ne suppose-t-il pas ce que demande précisément Lamennais, à savoir que l'accord des hommes est le signe non de la vérité, mais de la certitude? Herbert Spencer a dit également que « ce qu'il y a de vrai en philosophie, c'est ce qui est admis d'un commun accord par les belligérans, c'est-à-dire le résidu qui demeure quand on fait abstraction de tous les dissentimens ».

Ce principe de l'accord, signe de vérité, ne signifie point du tout que le nombre fait loi ; mais il signifie que les chances d'erreur diminuent à mesure qu'augmente le nombre des chercheurs. Faites une addition, il peut s'y trouver quelques chances d'erreur ; mais si cent personnes font à la fois la même addition, il n'est pas probable que ces cent personnes puissent faire à la fois la même erreur. Si elles s'entendent sur le résultat, ce ne peut être le produit du hasard : c'est donc, selon toute vraisemblance, qu'elles ont rencontré la vérité. De même une seule personne, même dans les sciences, peut se laisser tromper par telle ou telle cause d'erreur : tel fait peut échapper ; telle illusion peut s'imposer d'une manière persistante ; et, s'il s'agit de choses morales, telle passion, tel préjugé d'éducation peut nous aveugler. Si le nombre des témoins augmente, les chances d'erreur se partagent dans des sens divers : l'un se trompera dans un sens, l'autre dans un autre, mais l'accord ne se produira pas. Il n'y a que la vérité qui puisse être cause de l'unité d'assentiment. On peut donc accorder que le consentement des hommes, au moins des hommes compétens, est une garantie de certitude, sans mettre en péril la véracité de nos facultés.

Si la décision finale appartient à tous, on peut dire que la recherche et la découverte n'appartiennent qu'à chacun en particulier. De là la liberté d'examen. Ainsi la méthode de recherche appartient à la raison individuelle, lors même qu'on accorderait que le critérium final est dans l'accord des diverses raisons. Au fond, personne, parmi les philosophes, pas même Descartes, ne dit que la raison individuelle, en tant qu'individuelle, est juge de la vérité ; ce serait la maxime de Protagoras, combattue par tous les plus grands métaphysiciens ; la vérité, au contraire, est une, impersonnelle ; et la raison elle-même, prise en soi, est impersonnelle. La difficulté est de démêler dans les jugemens de la raison ce qui est impersonnel et ce qui est

individuel, ce que nous voyons en tant que raison impersonnelle et ce que nous voyons en tant que raison individuelle ; c'est en ce sens que l'accord devient un critérium.
Car tant qu'on dispute, où est la preuve que l'on possède
la véritable évidence ? Si telle chose est évidente pour moi,
pourquoi ne l'est-elle pas pour tous ? Si, au contraire, on
est d'accord, c'est qu'il ne reste plus de motif de doute. A
la vérité, l'accord lui-même n'est pas toujours une raison
décisive ; car on n'a peut-être pas assez examiné : de là la
nécessité de l'examen et le droit de la raison individuelle ;
mais, après examen, le seul point d'appui vraiment solide
est ce qui n'est contesté par personne, au moins dans les
limites de ce qui est accordé : c'est ainsi que le *Cogito* de
Descartes est absolument certain, comme vérité de fait,
quoiqu'il puisse y avoir encore débat au point de vue de
l'interprétation métaphysique. Le système de Lamennais,
tout paradoxal qu'il est en réalité, n'en a pas moins mis en
lumière une vérité notable, et nous a obligés utilement à
serrer d'un peu plus près le problème difficile de la certitude.

III

La politique de l'abbé de Lamennais, dans la première
période de son rôle militant, c'est-à-dire pendant la Restauration, est d'accord avec sa philosophie. Il soumet
tout, dans l'ordre des gouvernemens, aussi bien que
dans l'ordre de la vérité, à l'autorité, et à l'autorité de
l'Église. Et l'Église, c'est pour lui l'église catholique, représentée et constituée dans son chef visible, le pape. Comme

Joseph de Maistre, il rétrograde au delà des principes de l'Église gallicane ; il proteste contre 1682. Il voit dans le pape l'autorité suprême et infaillible, le représentant de la souveraineté. Sa politique est donc ce que l'on a appelé l'ultramontisme. C'est lui, on peut le dire, qui a été le chef et l'initiateur de cette doctrine et le véritable organisateur du parti. Le livre du *Pape* de Joseph de Maistre était presque exclusivement historique. Il avait plutôt pour but la justification de la papauté dans le passé que sa glorification dans le présent. Lamennais fit passer cette opinion de la théorie dans la pratique. C'est lui qui a entraîné et rallié le clergé français dans une doctrine qui lui avait toujours été antipathique. Il était né chef de parti. Il le fut toujours, même en changeant de drapeau. Plus tard, il voulut entraîner l'Église dans une direction différente, et il n'y réussit que médiocrement. Voyons-le d'abord dans son premier rôle.

Rien de plus étrange que la renaissance de l'ultramontanisme en France au xixe siècle. Comment cette politique, si contraire à la tradition catholique française, et que l'on n'avait pas revue en France depuis le xvie siècle, comment a-t-elle reparu de nos jours ? Comment se trouve-t-elle avoir été un des résultats de la Révolution ? Expliquons d'abord la question.

L'Église catholique, par cela seul qu'elle est catholique, est universelle, c'est-à-dire s'étend au delà des frontières de chaque État. C'est un grand avantage au point de vue religieux ; car la foi n'a pas à craindre d'être altérée par les différences de territoire. Mais en même temps, au point de vue politique et social, c'est un grand inconvénient ; car chaque gouvernement prétend être maître chez lui ; et il est toujours plus ou moins contraire aux prérogatives de la souveraineté que l'État reçoive une partie de son impulsion (même au point de vue spirituel) d'un pouvoir qui n'est pas le sien. De là une tendance de tous les gouvernemens à relâcher, quelquefois même à rompre les liens religieux qui unissent l'Église à son centre. Quelquefois cette tendance se manifeste par une rupture absolue, un changement de dogmes, comme on l'a vu au xvie siècle; et ce fut l'une des causes de la réforme. Les États protestans ont mieux aimé l'hérésie et l'instabilité religieuse que la dépendance, même relâchée, d'une autorité extérieure. Chez d'autres peuples, la séparation s'est arrêtée au schisme, c'est-à-dire à la séparation purement disciplinaire et en quelque sorte administrative à l'égard du gouvernement romain. C'est l'état de l'Église russe et de l'Église anglicane. Enfin, une grande nation catholique, la France, tout en restant profondément catholique, et même, on peut le dire, le centre du catholicisme, tout en conservant ses liens avec Rome, avait résolu le problème par une solution moyenne, d'une politique habile et savante, c'est-à-dire en établissant certaines limites, certaines restrictions de pouvoir pontifical, en fixant les conditions auxquelles ce pouvoir exercerait son empire en France. Ces conditions sont ce que l'on a appelé les libertés de l'Église gallicane, et ces libertés ont trouvé leur expression formelle et législative dans les maximes de 1682. Il y a donc eu une Église gallicane qui n'était ni hérétique, ni schismatique, et qui soutenait l'indépendance du pouvoir temporel à l'égard du spirituel. Cet état de choses, avec alternative de querelle et de paix, a duré jusqu'en 1789.

Que devait-il arriver avec la rupture profonde opérée par
la Révolution ?

La Révolution ne se contenta pas de cette indépendance
mitigée à l'égard de Rome, qui avait été la loi de l'ancien
régime. Elle voulut aller jusqu'au schisme. Elle voulut une
Église gallicane proprement dite ; en établissant ce que l'on
appela *la Constitution civile du clergé*, elle essaya de fonder
une Église purement nationale sur des principes analogues
à ceux qu'elle introduisait dans l'ordre politique. Cette résolution coupa le clergé français en deux. Parmi les prêtres,
les uns acceptèrent l'ordre ecclésiastique nouveau, les
autres s'y refusèrent. Il y eut un clergé assermenté et un
clergé insermenté. Cette rupture dura jusqu'au Consulat,
époque à laquelle Bonaparte, comme on le dit, rétablit le
culte, ce qui n'est pas tout à fait exact : il rétablit seulement l'accord avec Rome ; il fit cesser le schisme et fit
rentrer dans l'Église le clergé assermenté et dans l'État le
clergé réfractaire. Telle fut l'œuvre du *Concordat*, qui
régit aujourd'hui les rapports de l'Église et de l'État dans
notre pays.

Dans cette profonde transformation, que devaient devenir les maximes de 1682 ? Que pouvait être le gallicanisme
dans ce régime nouveau ? Ces maximes, qui avaient été
inventées lorsque l'État était chrétien, étaient-elles encore
de mise quand il ne l'était plus ? L'Église restaurée se con-
tenterait-elle d'être liée à l'État par des liens purement
extérieurs ? En séparant dans une certaine mesure l'Église
de l'État, ne donnait-on pas à l'Église le désir et la tentation
de retrouver sa force perdue, en se rattachant d'une
manière plus énergique à son centre, c'est-à-dire à Rome ?

Le schisme, que la Révolution avait tenté sans y réussir, ne devait-il pas emporter par réaction les faibles limites que le gallicanisme avait essayé de poser au pouvoir spirituel ? C'est ainsi, c'est par cette loi, si connue aujourd'hui, des réactions dans l'ordre des idées, comme dans l'ordre méca-nique, que nous voyons renaître en France, au commence-ment de ce siècle, le principe longtemps oublié de l'ultra-montanisme. Sous Napoléon Ier, de telles tendances ne pouvaient guère se manifester. Mais à l'époque de la Restauration, qui semblait devoir restituer tous les prin-cipes, les esprits ardens et absolus pensèrent qu'il y avait lieu de remonter, non seulement jusqu'au delà de la Révo-lution, mais encore au-delà de l'Église gallicane, et d'affirmer hautement la nécessité du gouvernement catholique des sociétés. En face de la Révolution qui partait du principe de la liberté de penser et de la liberté de l'individu en toutes choses, il fallait un autre principe, et le gallicanisme était une doctrine trop faible et trop impuissante pour le poser.

Tel est l'objet, telle est la pensée des deux écrits poli-tiques publiés par l'abbé de Lamennais pendant la Restaura-tion : 1° *la Religion dans ses rapports avec l'ordre civil et politique* (1826) ; 2° *les Progrès de la Révolution et de la guerre contre l'Église* (1829). La pensée fondamentale de ces deux écrits est que l'erreur radicale de la Révolution est la haine contre l'Église, la destruction de toute religion. Or le gallicanisme est absolument hors d'état de lutter contre la révolution, car il est lui-même un des faits pré-curseurs de cette révolution ; il est une sorte de protestan-tisme. La constitution civile du clergé n'était que la con-séquence du gallicanisme et du jansénisme.

Lamennais met en regard deux doctrines qui lui paraissent le contre-pied l'une de l'autre, quoique souvent elles tendent à se réunir : c'est d'une part le libéralisme, de l'autre le gallicanisme. Il s'attache à démontrer le danger et l'impuissance de ces deux systèmes. Le libéralisme, c'est l'individualisme. Nous savons ce qu'en pense Lamennais. Il le ramène à la liberté de penser, c'est-à-dire au doute. Il invoque, pour qu'on ne l'accuse pas d'exagération, les paroles mêmes du journal le plus philosophique qu'il y eût alors, le journal *le Globe*, pour prouver que ce que voulait cette école, c'est l'anarchie des idées. Voici, en effet, comment s'exprimait ce journal : « La vérité a cessé d'être universelle. Travaillées de tous les doutes, en présence de mille religions diverses, de mille systèmes contradictoires, cherchant sans tutelle et sans prêtre la solution du grand problème de Dieu, de la nature et de l'homme, les intelligences se sont proclamées souveraines, chacune de leur côté. Qu'il y ait heur ou malheur à cette *anarchie des esprits*, il n'importe ; elle est aujourd'hui *notre premier désir, notre premier bien, notre vie* ; et voilà pourquoi la loi a constaté et consacré l'anarchie. Par elle, toute opinion a été déclarée libre. Ainsi sont tombés sous la juridiction de chacun toutes les révélations, tous les sacerdoces, tous les livres saints. » En citant ce passage, Lamennais reconnaît ce qu'il y a de sincérité, d'honneur et même de force dans cette manière hardie de poser la question. Mais il en tire les conséquences suivantes ; c'est que le droit de penser entraîne le droit d'agir. Tout penser, c'est tout faire. Si chacun a le droit de penser ce qu'il veut, chacun est souverain de soi-même : « Prétendre lui imposer un devoir qu'il ne se soit pas d'abord imposé lui-même par sa pensée propre et sa volonté, c'est violer le plus sacré de ses droits, celui qui les comprend tous : c'est commettre le crime de lèse-majesté individuelle. » L'anarchie des esprits produit donc inévitablement l'anarchie sociale et politique. L'individualisme, qui détruit tout droit et tout devoir, détruit donc aussi toute société. Il ne reste plus au pouvoir civil d'autre droit que celui de la force. Dans cette hypothèse, on peut encore se soumettre au pouvoir par nécessité, mais non par conscience ; et aussitôt qu'on est le plus fort, on peut s'en affranchir. De là le droit d'insurrection, droit dont on ne peut fixer les limites, et qui livre la société au hasard des passions et de la force. On voit que Lamennais apercevait déjà, avec une sagacité profonde, dans l'individualisme libéral, la source de l'anarchisme. Ces conséquences se sont développées plus tard et sous nos yeux.

Une certaine portion de l'école libérale niait cependant ces conséquences, et était aussi opposée à la souveraineté du peuple qu'au droit divin : c'était l'école doctrinaire, représentée par Royer-Collard, le duc de Broglie, M. Guizot. A ces deux principes, elle en opposait un troisième, la souveraineté de la raison. Lamennais signalait les inconséquences de ce principe. Où est la raison ? Qui est-ce qui a raison ? Quels sont ceux qui ont plus raison que les autres ? A quoi les reconnaître ? Le principe est vrai ; mais il faut une autorité qui fasse reconnaître la raison et qui lui fasse obéir. M. Guizot dit que la raison est en Dieu. Fort bien ? mais si Dieu ne parle lui-même, comment puis-je savoir ce qui vient ou ce qui ne vient pas de lui ? Jean-Jacques Rousseau lui-même a dit : « Sans doute, la justice vient de

Dieu ; lui seul en est la source ; mais, si l'on savait la recevoir de si haut, on n'aurait pas besoin de gouvernemens ni de lois. »

Dans cette première période de sa carrière politique, au moins à l'origine, Lamennais se montrait très hostile aux principes démocratiques. Il reprochait à la charte d'avoir établi la société sur la démocratie, et il montrait tous les vices et tous les périls du gouvernement démocratique : la mobilité dans les lois, la médiocrité des gouvernans, l'irréligion, la négation du christianisme, le principe de division substitué au principe d'unité, la cupidité et la soif de l'or, l'égalité en toutes choses ne laissant subsister que la distinction des fortunes, l'agiotage, la négation de toute notion de droit, etc. Il s'ensuit que la démocratie, loin d'être le terme extrême de la liberté, est le terme extrême du despotisme : car le despotisme d'un seul a des limites ; le despotisme de tous n'en a pas.

Voilà le procès fait au libéralisme ; voyons maintenant, ce qui nous intéresse davantage, le procès du gallicanisme, qui, selon notre auteur, est le contraire du libéralisme, car il l'appelle aussi le royalisme. Ces deux doctrines, dit-il, ont chacune une part de vérité. La première (le libéralisme) est la garantie des peuples contre les rois ; la seconde est la garantie des rois contre les peuples. Le gallicanisme se jette à l'extrême opposé du libéralisme, quoique l'opinion libérale se croie souvent obligée de favoriser l'opinion gallicane : c'est une erreur profonde. L'origine du gallicanisme remonte à l'époque où les princes se sont affranchis des pouvoirs de l'Église. C'est une imitation affaiblie de l'anglicanisme et du luthéranisme ; mais c'est le même principe. L'idée commune, c'est que la souveraineté est indépendante de Dieu. C'est donc le pouvoir sans base morale, sans base spirituelle, et par conséquent sans frein. Sans doute, le gallicanisme reconnaît que le pouvoir vient de Dieu, mais sans intermédiaire. Le prince est lui-même le seul juge de ce qu'il doit à Dieu. Dieu est donc relégué comme dans le système de la souveraineté de la raison, dans un lointain idéal, où il règne sans gouverner. C'est toujours l'homme qui est juge. Dans le libéralisme, ce sont les peuples ; dans le gallicanisme, ce sont les rois. Ils ne sont soumis à aucune règle, à aucune autorité, puisqu'il n'y a au-dessus d'eux aucune puissance spirituelle, et que d'ailleurs le royalisme n'admet ni la souveraineté du peuple, ni aucun droit de contrat de la part du peuple ; ainsi le pouvoir est sans contrat et du côté du peuple et du côté de Dieu. C'est le despotisme pur. Le souverain ne connaît d'autre frein que celui de la conscience, la souveraineté est inadmissible. « Le souverain légitime, disait M. de Frayssinous, fût-il tyran, hérétique, persécuteur, ne cesse jamais d'être souverain légitime ; » et les peuples sont censés devoir souffrir tous ces maux par ordre de Dieu. Le souverain sans doute peut, à titre d'homme, avoir des devoirs ; mais comme souverain il n'en a pas. Voici comment s'exprime Pierre Dupuy dans le *Traité des droits et libertés de l'Église gallicane :* « Le roy n'est-il pas le juge sur tous ? chef de son armée ? le plus hault et le plus souverain de tous ? n'est-il pas en sa puissance de prendre les enfans de ses sujets et de les mettre à ses chariots ? N'est-il pas en lui d'en faire des centeniers, des grands maréchaux, des laboureurs de ses terres ?... Il a la puissance de prendre

3.

les filles de ses sujets, et employer les unes à lui faire onguens et parfums, les aultres tenir pour concubines, les aultres pour panetières... Il peut confisquer les champs et les héritages... Voilà donc ce que c'est d'un roy en l'Église.» Comment les libéraux peuvent-ils soutenir une doctrine qui s'appuie sur de telles maximes? Le gallicanisme est si bien la doctrine du despotisme, qu'il a triomphé dans l'ancienne monarchie en même temps que le despotisme, c'est-à-dire sous Louis XIV, sous le règne duquel la monarchie absolue a atteint son apogée. Ainsi les deux doctrines aboutissent au même résultat : le libéralisme détruit la notion du pouvoir ; le gallicanisme la corrompt. L'un et l'autre ne connaissent que le pouvoir arbitraire, c'est-à-dire la volonté variable de l'homme. Ce qui fait illusion sur la vraie nature du gallicanisme, c'est la noblesse et la grandeur apparentes de ce dévoûment au prince, emprunté aux mœurs chevaleresques ; son vice fondamental a été de lier la cause de la religion à celle du despotisme, et d'avoir été par là l'origine du libéralisme, qui a lié au contraire à l'irréligion la cause de la liberté.

Il y a un vice secret dans cette polémique violente de Lamennais contre le gallicanisme : c'est que, quoiqu'il soit vrai en fait que cette doctrine a été liée au royalisme et même à l'absolutisme, cela n'est pas nécessaire en principe. On comprend très bien une monarchie limitée qui, tout aussi bien qu'une monarchie absolue, prendrait ses précautions à l'égard de la cour de Rome, et qui limiterait ce pouvoir en même temps qu'elle accepterait elle-même certaines limitations. Lamennais montrait bien l'excès du gallicanisme séparé du libéralisme, mais il ne prouvait pas qu'il y eût contradiction entre les deux principes, et que le parti libéral fût mal inspiré en soutenant, à son point de vue, les maximes gallicanes. Sans doute, en dehors de toutes garanties populaires, l'action du pouvoir pontifical a pu être une limite et une garantie, et l'exclusion de cette action a eu à la fois pour cause et pour effet l'extension du pouvoir absolu ; mais c'est là un fait purement historique, non une conséquence logique inévitable ; car la suppression du pouvoir pontifical en Angleterre n'a pas eu pour conséquence l'établissement du pouvoir absolu.

Lamennais ne se contente pas de cette critique générale du gallicanisme ; il en combat pied à pied toutes les maximes, et d'abord le premier des articles de 1682, celui qui déclare le souverain civil indépendant de l'Église dans l'ordre temporel. Il est curieux de voir reparaître en France, en 1825, toute la vieille controverse du moyen âge sur la suprématie des deux pouvoirs. Pour qu'une société subsiste, dit Lamennais, il faut deux choses : d'une part, un ordre moral, une loi morale, sociale, spirituelle, qui lie tous les hommes par des devoirs et des droits communs, par des croyances communes ; de l'autre un pouvoir qui maintienne l'exécution de cette loi et de cet ordre. Or, la loi venant de Dieu, comme le reconnaissent même les libéraux dans leur théorie de la souveraineté de la raison, il s'ensuit que le pouvoir en principe est divin. Le pouvoir est, comme le dit saint Paul, *le ministre de Dieu pour le bien.* Hors de là, point de liberté, car si le pouvoir vient du peuple, tout ce que fait le peuple est juste. S'il vient du souverain lui-même, il est donc à lui-même le principe de son droit. Or jamais on n'a soutenu que le souverain fût à lui-même son dernier juge. Le pouvoir, quand il foule aux pieds la loi divine et la morale, a perdu son droit. Donc la loi divine précède le pouvoir ; or quelle est cette loi divine, si ce n'est la religion ?

Lamennais établit ensuite trois propositions, qui sont tout le code de l'ultramontanisme, qu'il appelle le christianisme : 1° point de pape, point d'Église ; 2° point d'Église, point de christianisme ; 3° point de christianisme, point de religion et, par conséquent, point de société. Le lien de ces trois propositions est dans ce principe, que l'unité de la société repose sur l'*unité* de la vérité. Si la vérité est une, s'il n'y a qu'une vérité, il n'y a de société véritable que lorsque cette vérité est reconnue. Mais, si chacun est juge de la vérité, la vérité n'est pas une ; et comme cela est vrai de tous les hommes, la vérité ne vient pas des hommes, elle vient de Dieu, et par conséquent de la religion. Donc, point de religion, point de société. Il ne faut pas perdre de vue ici toute l'argumentation de l'*Essai sur l'indifférence*, de laquelle il résulte, qu'il n'y a aucun moyen terme entre le christianisme et l'athéisme, et par conséquent, l'anarchie.

Mais, de même qu'il n'y a qu'une vérité, il n'y a aussi qu'une religion. Dire que chacun est juge de la religion, c'est dire qu'il est juge de la vérité, et nous retombons dans le mal précédent. Il faut donc une autorité pour décider de la vraie religion. Or, la plus haute et la plus complète autorité est celle du christianisme. Donc, point de christianisme, point de société. Mais le christianisme lui-même ne peut subsister si chacun est juge de ce qui est et de ce qui n'est pas chrétien. Il faut donc une autorité constituée, une église. Donc, point d'Église, point de christianisme, point de religion, point de société ; or, dans le protestantisme, il n'y a pas une Église, il n'y a que des sectes. La seule autorité constituée en Église, c'est l'autorité catholique. Donc, point de catholicisme, point d'Église, point de religion, point de société. Enfin, une Église elle-même ne peut subsister sans une règle infaillible, une autorité suprême, un chef qui en représente l'unité permanente, en un mot sans le pape. Donc, point de pape, point d'Église.

Telle est la série de sorites par lesquels Lamennais lie sa politique à sa philosophie, et passe de la théologie à la théocratie. La société repose sur le pape. Le pape est le souverain spirituel du monde, non seulement en ce sens qu'il gouverne les consciences et les âmes, mais aussi en cet autre sens qui en est la conséquence, qu'il doit faire respecter la loi spirituelle par ceux qui en sont les ministres, c'est-à-dire par les souverains. Lamennais ne va pas jusqu'à dire que le pape puisse s'attribuer un droit réel sur le temporel des rois, c'est-à-dire sur le gouvernement matériel des sociétés ; mais jamais les papes, même Boniface VIII, n'ont affiché une telle prétention : « Voilà quarante ans, disait celui-ci, que nous sommes versé dans l'étude du droit ; et nous n'avons pas à apprendre qu'il y a deux puissances. » Les évêques, partisans de Boniface, disaient que celui-ci n'avait jamais entendu que le roi lui fût soumis temporellement. Mais où est la limite ? La voici : ce qui appartient au pape, dit Lamennais en citant l'autorité de Gerson lui-même, c'est « la puissance directrice et ordinatrice », non civile et politique : distinction bien délicate et bien glissante ; car, par la même raison, on pourrait sou-

tenir que le prince ne rend pas la justice, puisque cela est
l'office des magistrats, qu'il n'administre pas, ce qui est
l'office des intendants ou des préfets, mais qu'il se borne à
la puissance directrice. Peut-on nier cependant qu'il soit
souverain au temporel? A l'autorité de Bossuet, Lamennais
oppose celle de Fénelon, qui admet, comme principe de
droit, que, dans les nations catholiques, le pouvoir ne
peut être confié qu'à un catholique, et que le peuple n'est
tenu de lui obéir que sous cette condition. Tel était le sens
de l'acte par lequel les papes déliaient les sujets du serment
de fidélité ; par exemple, à l'époque de l'empereur d'Allemagne Frédéric II, c'étaient ses crimes et ses impiétés qui
avaient mérité la sentence du saint-siège. Du reste, ajoute
Lamennais, l'Église se bornait à des peines toutes spirituelles, par exemple à l'excommunication. La déposition
n'était qu'une conséquence : ce fut le droit public au
moyen âge. Ce droit sauva la civilisation : sans lui, la poly-
gamie se fût établie en Europe. Tels furent les bienfaits de
celui que Lamennais appelle saint Grégoire VII. Sans
doute, les deux pouvoirs viennent de Dieu ; mais l'un règne
sur les âmes, l'autre sur les corps. Or, autant l'âme est
supérieure au corps, autant le sacerdoce est supérieur à
l'empire. Gerson lui-même accordait à l'Église un pouvoir
de coercition et de coaction. Si le souverain est indépendant de l'Église, il pourrait être hérétique, impie, sans
religion, sans moralité. Le gallicanisme conduit à l'athéisme
légal, qui est le régime de la charte, le régime dans lequel
nous vivons. Un avocat célèbre, M. Odilon-Barrot, plaidant
devant la cour de cassation, avait, en effet, prononcé cette
parole : « La loi est athée. » Dès lors elle n'est pas loi ; car

sans Dieu, point de pouvoir légitime. La légitimité est donc inséparable de la religion. La monarchie spirituelle est la garantie des souverainetés temporelles : hors de l'Église, elles ne reposent sur rien. Les maximes de 1682 contenaient en germe tous les principes de la Révolution.

D'après les théories précédentes, on comprend que l'État religieux moderne, fondé par le Concordat et plus ou moins interprété par la Restauration dans le sens du gallicanisme, fut pour Lamennais un état intolérable. Bien loin de voir, comme les libéraux, dans le gouvernement de la Restauration une alliance du trône et de l'autel, et même l'établissement du trône sur l'autel, il n'y voit, avec son esprit de logique implacable, qu'un athéisme légal, de même que, dans la charte de 1814, interprétée par M. de Villèle, il ne voit que la pure démocratie. La tolérance des cultes, même avec tous les avantages accordés à l'Église, ne lui paraît qu'une persécution. Cet ordre de choses, accepté cependant par les royalistes ultra, à savoir que la religion est une chose que l'on administre comme les autres choses, comme l'Opéra, comme les haras, lui paraît un matérialisme abject. La loi du sacrilège, que le parti libéral dénonçait comme le comble des entreprises théocratiques, excite son indignation comme une œuvre abominable d'indifférentisme, parce que le gouvernement essayait précisément d'ôter à cette loi tout caractère confessionnel et religieux, en étendant le même privilège à tous les cultes et en disant, par la bouche d'un évêque, qu'il ne s'agissait pas du catholicisme ou christianisme, « comme religion vraie, mais comme religion nationale ». On voit qu'en toutes choses, sur toutes les questions, Lamennais allait toujours jusqu'aux dernières

extrémités de sa pensée. Revenir à saint Grégoire VII, tel
était le remède qu'il proposait aux maux de la Révolution.
Abolir le christianisme, ou lui restituer un empire absolu,
non seulement sur les consciences, mais sur les gouver-
nements, telle est l'alternative dans laquelle il place la
société moderne. Il est rare que la société se laisse enfermer
par les logiciens dans de pareils dilemmes; elle est pour les
entre-deux. Mais Lamennais n'a jamais pu comprendre les
idées moyennes. Absolutiste et théocrate à outrance, déçu
de ce côté dans ses espérances et ses illusions, il va se transporter avec la même ardeur, la même fougue, la même into-
lérance, à l'extrémité contraire; et ses idées démocratiques
ne le céderont en rien en exagération à ses opinions théocratiques. Renonçant aux doctrines du passé, il se transportera
d'un seul bond de l'autre côté du fleuve, n'ayant, dans les
phases diverses de son existence, qu'un seul sentiment persistant, la haine et le mépris du présent, l'horreur du juste-
milieu, des gouvernemens tempérés et des doctrines latitudinaires. Comment ce passage a-t-il pu se faire? C'est là
un problème des plus obscurs et qui ne sera peut-être
jamais complètement éclairci. Nous essaierons de retracer
cependant les principales phases et les transitions fondamentales de cette extraordinaire évolution.

Quant à cette première campagne de celui que l'on doit
appeler encore abbé de Lamennais, on peut dire qu'elle a
réussi beaucoup plus qu'il ne le croyait lui-même. Sans
aller jusqu'aux extrémités où son esprit violent s'était laissé
emporter, sans remonter jusqu'à Grégoire VII, ce qui ne
pouvait que faire sourire les vrais politiques, ce qui est
certain, c'est que l'esprit ultramontain a pénétré dans

l'Église de France, ce qui n'avait pas eu lieu sous l'ancien
régime; c'est que le lien avec le pouvoir romain est devenu
plus étroit, que l'autorité pontificale, au moins au point de
vue spirituel, s'est agrandie jusqu'à la proclamation de
l'infaillibilité, que les grandes milices monastiques, autrefois toujours plus ou moins suspectes au clergé séculier,
se sont insinuées partout, ont envahi l'enseignement ecclésiastique et même laïque. Cet état de choses, qui résultait
plus ou moins de la nécessité des faits, a été singulièrement favorisé par l'influence des doctrines. De Maistre et
l'abbé de Lamennais ont été les pères de l'Église du catholicisme moderne. Est-ce un bien? Est-ce un mal? Nous
n'avons pas à l'examiner. Ce qui est certain, c'est que
Lamennais a eu lui-même des doutes sur son œuvre, c'est
qu'avant la grande rupture qui le lança dans l'abîme de
l'inconnu, il essaya de reprendre l'œuvre chrétienne par
une autre voie, à l'aide d'autres principes. Au lieu de pré-
senter le christianisme comme le contre-pied, l'antagoniste
nécessaire de la société moderne, il a tenté de le réconcilier avec cette société. C'est ainsi qu'après avoir été l'apôtre
enflammé de l'ultramontanisme, il est devenu le chef et le
promoteur de ce que l'on a appelé depuis le catholicisme
libéral; et, dans cette seconde entreprise comme dans la
première, il s'est encore découragé trop tôt, et il a réussi
plus qu'il ne l'avait cru : il a fait une école brillante de
catholiques libéraux, comme une école puissante de théo-
crates absolutistes; mais son esprit entier et impatient,
incapable d'attendre le fruit de ses idées, avait déjà quitté
cette zone moyenne de réconciliation. Quelque éclat bruyant
qu'aient eu ses aventures ultérieures, cette période, celle

du journal *l'Avenir*, n'en est pas moins dans sa vie la plus belle, la plus pure, la plus sereine, celle à laquelle l'État et l'Église doivent le plus de reconnaissance ; car, à défaut d'une extermination de l'une ou de l'autre puissance, qui est absolument impossible, c'est la seule solution qui s'impose à l'avenir. Il nous faut étudier en détail cette nouvelle phase de notre impétueux auteur, qui, fatigué de ce double rôle d'apôtre, va bientôt prendre celui de tribun.

CHAPITRE II

LAMENNAIS LIBÉRAL ET RÉVOLUTIONNAIRE

I

La vie de Lamennais se partage en deux parties bien tranchées. Dans la première, il s'appelle l'abbé de Lamennais ; il est l'apologiste passionné de la religion, et le défenseur déclaré de l'autorité pontificale au spirituel et au temporel ; il fait cause commune avec les royalistes et même avec les ultra ; il collabore avec M. de Chateaubriand et M. de Bonald au *Conservateur;* il est l'allié de Joseph de Maistre dans sa tentative de restauration ultramontaine. Dans la seconde, il ne s'appelle plus que F. Lamennais tout court ; il passe au service de la démocratie, il arbore le drapeau révolutionnaire, se fait pamphlétaire, combat avec les armes les plus violentes le gouvernement de Louis-Philippe, et se met à la tête du parti républicain ; en même temps, il se sépare de l'Église et passe du côté de la philosophie. Mais, entre ces deux périodes, il y en a une intermédiaire qui sert de transition de l'une à l'autre; c'est encore l'abbé de Lamennais, mais un Lamennais libéral, réconcilié lui-même et cherchant à réconcilier l'Église avec les principes de la liberté moderne: c'est le rédacteur du journal *l'Avenir* et l'initiateur du mouvement considérable appelé depuis le catholicisme libéral.

Comment cette phase nouvelle a-t-elle pris naissance?
Comment l'ennemi aveugle et fanatique des principes de
la Révolution est-il arrivé à invoquer ces principes dans
l'intérêt de sa cause, comment l'apôtre déclaré de l'Église
s'est-il fait l'associé du libéralisme? Il y a là un problème
des plus intéressans à résoudre. On a cru généralement
que ce changement était dû à la révolution de Juillet, que
la vive imagination de Lamennais avait été frappée et
entraînée par cette révolution qui avait fait en Europe une
impression si profonde. Ayant vu la chute des rois, il se
serait tourné vers les peuples, c'est-à-dire vers la puissance
nouvelle qui se manifestait. Les choses ne se sont pas pas-
sées ainsi ; il n'y a pas eu dans la vie et dans la pensée de
Lamennais le changement brusque et la rupture absolue
que l'on suppose. Il s'est fait en lui un changement lent et
graduel, dont les premières traces se font sentir bien avant
la révolution de Juillet, et déjà dans les dernières années
de la restauration ; et l'on peut dire que la phase nouvelle
qui a tant étonné les contemporains n'a été que le développement logique de sa pensée.

Au début du gouvernement de 1814 et de 1815, il y eut
de fait deux restaurations ; deux pouvoirs oubliés, l'un
proscrit, l'autre opprimé pendant toute la durée de la révolution et de l'empire, étaient à la fois rétablis. C'était ce
que l'on a appelé le trône et l'autel. A l'origine, ils avaient
un intérêt commun ; ils durent nécessairement s'unir, et le
triomphe de la royauté parut être en même temps le
triomphe de l'Église. Mais cette union des catholiques et
des royalistes n'était point du tout l'identification des deux
élémens. Les uns se montrèrent plus royalistes que catho-

liques, les autres plus catholiques que royalistes. Lamennais fut de ces derniers. Ce qu'il appelait restauration n'était pas seulement ni même surtout le rétablissement du pouvoir royal. C'était la restauration morale et spirituelle de la société. Pour lutter contre la libre pensée, principe de toutes les révolutions, il croyait que le catholicisme devait redevenir le maître des âmes, le principe moteur de tout l'ordre politique et civil, et il comptait pour cela sur le gouvernement qui devait être purement et simplement l'instrument de l'Église et le ministre de Dieu. Mais le pouvoir civil, même royal, même légitime, même catholique, n'était pas trop disposé à entrer dans cette voie au delà d'une certaine limite. Il était d'abord lié et retenu par les conditions mêmes de la société nouvelle ; la liberté religieuse, la tolérance, l'ordre civil établi par la révolution (mariage, état civil, droits des protestans, etc.), et enfin par le concordat, qui avait établi une sorte d'alliance entre les deux pouvoirs, mais non la subordination de l'un à l'autre, ou même qui avait mis le pouvoir civil dans une condition de protecteur, plutôt que de serviteur obéissant. Mais indépendamment de ces nécessités de l'ordre nouveau, la royauté elle-même avait encore dans ses propres traditions des raisons de ne pas s'abandonner entièrement au pouvoir ecclésiastique. Aussi, malgré les attaches religieuses du gouvernement des Bourbons, s'engagea-t-il une certaine lutte entre l'Église et l'État, même sous la restauration. Lamennais dut renoncer à l'espoir d'une monarchie chrétienne, telle qu'il l'entendait, c'est-à-dire d'une monarchie gouvernée par l'Église. De là un détachement de plus en plus manifeste à l'égard de la royauté, qui d'ailleurs

en elle-même et indépendamment de ses rapports avec
l'Église lui était parfaitement indifférente. Le ministère
Villèle, qui dura sept ans, et qui manœuvra habilement
entre toutes les tendances de l'époque, en essayant de
fonder une sorte de monarchie administrative, acheva de
dégoûter entièrement Lamennais de ce gouvernement terre
à terre, qu'il commença à juger, comme il fit, du reste, de
tous les gouvernemens ultérieurs, avec le plus profond mépris. D'un autre côté, ayant quitté sa vieille Bretagne pour
venir vivre à Paris, au sein du mouvement des idées et
dans l'atmosphère d'une presse plus ou moins libre, mais
dans laquelle, malgré tous les obstacles, toutes les idées
cependant parvenaient à se faire jour, il est visible que
Lamennais se laissa de plus en plus séduire par les idées
libérales ; il les comprit chaque jour davantage, en vit
mieux la vérité relative, la légitimité, et se trouva prêt à
demander à ces idées nouvelles un appui qu'un vieux pouvoir vermoulu et délabré se montrait impuissant à lui
prêter. C'est ce travail curieux de son esprit que nous
voudrions étudier en détail, et qui se manifeste déjà dans
son dernier écrit de 1829 : *les Progrès de la révolution*,
mais qui est bien plus visible encore dans sa correspondance à cette époque.

Au début de l'*Essai sur l'indifférence*, en 1818, Lamennais
disait que les gouvernemens sont tout-puissans « pour le
bien comme pour le mal », et que pour faire rentrer le
peuple dans la voie du christianisme, il suffirait que l'autorité le voulût ; car, « en mal comme en bien, on n'agit sur
les peuples que par l'autorité ». Mais, en 1829, il ne comptait plus sur les gouvernemens, et dans la préface de son

livre sur les *Progrès de la révolution*, il ne demandait pour l'église que la liberté, « liberté de conscience, liberté de la presse, liberté de l'éducation ». Il demandait que les catholiques ne fussent pas mis « hors la loi ». A quoi faisait-il allusion par ces étranges revendications ? Les catholiques hors la loi ! sous la restauration ! Qui pourrait le croire ? C'est pourtant ce qu'ils disaient alors à propos des ordonnances de 1828, qui avaient renouvelé les anciennes interdictions contre les congrégations religieuses, et en particulier contre les jésuites. C'est surtout à partir de cette époque que Lamennais, s'apercevant que l'autorité, même chrétienne, peut devenir gênante pour l'Église, a commencé à faire appel à la liberté (1).

En même temps, Lamennais commençait à reconnaître que le mouvement libéral était trop étendu, trop puissant pour pouvoir s'expliquer uniquement par des préjugés et par des passions. Il rattachait le libéralisme au christianisme ; il rappelait tout ce que le christianisme et le catholicisme avaient fait pour l'émancipation des hommes ; et même il faisait remarquer que, si les peuples catholiques, en Europe, étaient les plus agités, les plus troublés, « les plus exposés à l'impulsion révolutionnaire, c'est qu'ils étaient les plus vivans ». Il affirmait que les libertés européennes ont été sauvées par les souverains pontifes, sans le secours desquels les peuples auraient été complètement opprimés par les rois. Le christianisme, en

---

(1) Il ne faut pas oublier qu'une portion du parti libéral, le journal *le Globe* par exemple, le plus hardi de tous au point de vue philosophique, s'unissait aux catholiques pour protester contre les ordonnances de 1828. Voir notre article, *le Globe de la Restauration*, dans la *Revue des Deux Mondes* du 1er août 1879.

fondant le pouvoir sur Dieu, n'abandonne pas les peuples
et reconnaît au-dessus des pouvoirs humains une loi de
justice et de vérité. Dans ce même écrit de 1829, Lamennais allait plus loin encore. Il manifestait des tendances,
non-seulement libérales, mais démocratiques. Il renouait
l'alliance de la démocratie et de la théocratie, qui avait été
essayée au xvᵉ siècle par le parti de la Ligue. Ainsi, en se
détachant de la cause du pouvoir royal, il trahissait déjà
un fonds de tendances révolutionnaires. Il présentait la
Ligue comme son idéal et il en citait le *Manifeste* avec
enthousiasme. Il distinguait la Ligue de la tyrannie des
Seize : « Les Seize, disait-il, à la tête d'une troupe de bri-
gands, exercèrent, comme les membres du Comité de salut
public, un despotisme populaire. La Ligue, malgré les passions et les intérêts privés qui s'y mêlèrent, dirigée par les
maximes du droit public reçu, replaça la monarchie sur ses
bases ébranlées. C'est cet ancien droit, ce droit chrétien,
aujourd'hui presque ignoré, que nous voulons faire renaître
dans cette grande confédération catholique dont il fut le
principe et la règle. »

Dans le même ouvrage, nous avons vu que Lamennais
opposait l'un à l'autre, en les mettant sur la ligne, le
royalisme et le *libéralisme*, disant que l'un et l'autre sou-
tenaient un principe vrai, mais sans l'appuyer sur de solides fondemens. Ce fondement, c'est la foi chrétienne. Il
n'y a de salut pour les peuples que dans le retour au christianisme. C'est ici que Lamennais, désespérant du pouvoir
royal, commençait à se tourner vers la liberté. Bien loin
de faire appel au pouvoir civil en faveur de la religion, il
demandait au contraire que cette intervention fût tout à

fait écartée. La contrainte, au lieu de hâter cette réconciliation des peuples et du christianisme, ne ferait que la
retarder. Il s'agit de changer non l'état matériel des
choses, mais l'état des intelligences. « L'unité, disait-il ne
peut plus renaître qu'à la suite d'un libre combat. » A quoi
servirait-il d'enchaîner la parole, puisque l'on ne peut enchaîner la pensée ? Pour ramener les âmes à la vérité, il
ne faut plus se servir que d'armes toutes spirituelles. On
voit combien Lamennais s'éloignait du temps où il consi-
dérait la tolérance comme une persécution de l'Église. Il
allait plus loin même que la tolérance ; il demandait la
liberté, mais une liberté pleine et entière pour les catholiques comme pour les autres. Il faisait voir le danger de
trop associer le sort de l'Église à celui de l'État. Les avantages que l'état peut assurer à l'église sont loin de com-
penser les dangers qu'il fait courir à son indépendance.
« Elle a bien plus à craindre qu'à espérer des princes. »
Il reconnaissait même qu'il y avait quelque chose de
légitime dans les appréhensions exagérées qu'inspire le
prétendu envahissement du *parti prêtre*, à savoir l'intention
qu'on lui attribue d'usurper le pouvoir civil. Déjà on entrevoit la thèse de la séparation de l'Église et de l'État : « Le
véritable appui de l'Église est dans la confiance des fidèles... Ce sont eux plus que les rois qui la dotèrent dans
les temps antiques ; et leurs offrandes, qui forment le pa-
trimoine du pauvre suffiront à ses besoins toutes les fois
qu'un despotisme persécuteur n'interposera point ses vo-
lontés arbitraires et tyranniques entre elle et la piété des
peuples. »

Lamennais prévoyait de là manière la plus nette la révo-

4

lution qui s'approchait, et l'on voit clairement qu'il se
désintéresse à l'avance du sort d'un pouvoir qui n'était ni
chrétien ni populaire. « Le pouvoir sans règle, disait-il,
flotte au hasard ; il a perdu son affinité native avec l'ordre,
Ne pouvant subsister tel qu'il est, il ne peut réparer ni les
ruines qu'il a faites, ni sa propre ruine. Un changement
fondamental est devenu nécessaire, et ce changement
ne saurait s'opérer sans des commotions violentes. » Cependant il ne pense pas que l'Église doive coopérer à son renversement. Il se tient pour ainsi dire en dehors du mouvement. Sans doute il n'y a plus de royauté chrétienne; mais
on n'en doit pas moins au pouvoir une véritable soumission; car c'est encore lui qui maintient un ordre partiel
dans la société. « Mais quand le désordre, atteignant l'essence même du pouvoir, a envahi l'état entier, une autre
loi se développe, loi de destruction indispensable pour
préparer le renouvellement futur. On a voulu l'erreur, on
a voulu le mal; et le mal et l'erreur agissent selon leur nature. En renversant violemment, on dissolvait peu à peu
ce qui forme un obstacle à l'action réparatrice du principe
vital. C'est la tempête qui purifie l'air, c'est la fièvre qui
sauve le malade en expulsant ce qu'il y a de vicié dans son
organisation. Il est donc conforme aux lois de la Providence que les fausses doctrines qui égarent les peuples
continuent de prédominer jusqu'à ce qu'elles aient accompli, au degré nécessaire que Dieu connaît, la destruction
qui doit précéder l'œuvre de la régénération sociale. »
On voit manifestement, par ces textes de 1828-1829, que
Lamennais, dès cette époque, se détachait des doctrines autoritaires et royalistes pour se rallier de plus en plus aux

doctrines révolutionnaires et démocratiques, qu'il s'éloignait des princes pour se tourner vers les peuples.

Ces doctrines nouvelles se manifestent d'une manière bien
plus claire encore dans sa *Correspondance*, où il peut s'exprimer avec plus de liberté. Déjà, en 1827, il abandonnait
complètement la cause de l'ancien régime et il rêvait un
état complètement nouveau: « Jamais on ne relèvera l'ancien édifice, disait-il, et sous presque aucun rapport il ne
serait à désirer qu'on le relevât (septembre 1827) ». Il se
sépare de M. de Bonald, qui s'était peu à peu rallié à M. de
Villèle, et qui continuait à soutenir des doctrines absolutistes. Bonald avait dit dans un écrit récent : « Nul État
ne peut subsister avec la liberté de la presse. » Lamennais proteste : « Tout État, dit-il, est aujourd'hui révolutionnaire et antichrétien. Que serait la censure dans de
telles mains ? » Au contraire, selon lui, « il y a des vérités à
établir et des erreurs qui doivent s'épuiser. La liberté de la
presse est nécessaire à ce double but (novembre 1827) ».
Comme dans le livre *Des Progrès de la Révolution*, il
confond le gallicanisme avec le royalisme, et le royalisme
avec l'absolutisme : « Cette doctrine dégradante pousse les
peuples à la république par une théorie de la royauté qui
répugne à la conscience du genre humain (janvier 1828). »
Il reconnaît que « le libéralisme a pour lui cette conscience
universelle qui est la plus grande des forces *(ibid.)* ».
Comme dans le même livre, mais avec bien plus de
hardiesse encore, il déclare que « le royalisme se dissout.
Le principe de vie ayant été détruit, *il faut que cette société
meure* ». Le libéralisme a pour lui les institutions exis-
tantes, et quand il en demande les conséquences et les

développemens, on n'a rien de sensé à lui objecter. D'ailleurs,
les jeunes générations arrivent enivrées des doctrines
nouvelles *(ibid.)*. Parlant de son livre *Des Progrès de la
Révolution*, il dit qu'il y combat tout le monde, parce qu'il
n'y a plus rien à ménager dans ce temps de dissolution
universelle (novembre 1828). « Aucun bien ne peut plus
s'opérer sans de grandes catastrophes. Pour établir les
vérités qui doivent sauver le monde, une immense liberté
est indispensable *(ibid.)*. » — « Aucun changement moral
et spirituel n'est possible avant qu'un grand changement
se soit opéré dans l'ordre extérieur de la société (janvier
1329). » — « Tout se prépare pour de grands ébranlemens.
Les hommes seront emportés comme la paille par la tempête. Une destruction entière, absolue, est inévitable
(11 janvier 1829). » Pour arriver à ce renouvellement, deux
choses sont nécessaires : « éclairer les esprits par la
discussion, fortifier les âmes par le combat, d'où il suit
que la liberté est aujourd'hui le premier besoin des
peuples ».

Un événement important vint confirmer Lamennais dans
ses nouvelles aspirations et lui donner une forte impulsion
du côté du libéralisme. Ce fut la protestation des catholiques belges contre le gouvernement hollandais. On sait
que, par les traités de 1815, la Belgique avait été annexée
au royaume des Pays-Bas. Cette annexion violente d'un
peuple à un autre, d'une race à une autre, souleva deux
sortes de protestations : d'une part, celle des libéraux, qui
réclamaient, comme en France, contre la réaction anti-libé-
rale du pouvoir, avec un élément national en plus; d'autre
part, celle des catholiques, qui réclamaient la liberté de

conscience. De là une alliance naturelle entre les principes libéraux et les principes catholiques. Cette alliance, commandée par la situation, fit taire les préjugés réciproques; et les deux partis, étroitement unis, s'élevèrent à la fois contre une même tyrannie. Ce sont ces principes communs qui inspiraient le *Manifeste* des catholiques pour lequel Lamennais exprime sa profonde admiration et qu'il propose en modèle aux catholiques de notre pays. « C'est, disait-il, un des plus beaux et des plus grands spectacles que l'on ait vus depuis longtemps. » Il se fait l'illusion que, dans cette alliance du libéralisme et du catholicisme, le premier de ces deux élémens sera absorbé par le second ; mais cette illusion était naturelle à un catholique, car comment croire que la vérité n'a pas elle-même une vertu attractive et absorbante? Au lieu d'opposer sans cesse le catholicisme aux instincts modernes, il faut s'emparer de ces instincts à son profit ; et comme il s'exprimait alors, il faut « catholiser le libéralisme (décembre 1829) ». Ainsi parlait Lamennais près d'une année avant la révolution de 1830.

Ainsi Lamennais, bien avant 1830, se montrait de plus en plus désabusé du royalisme; ce qui est plus grave, c'est qu'on entrevoit qu'il pourrait bien un jour être désenchanté et désabusé d'un autre pouvoir tout autrement respectable et qu'il mettait au-dessus de tout, mais dont il commençait déjà à déplorer la faiblesse et l'incurie : Rome ! Rome ! où es-tu ? » disait-il à un moment où l'on croyait que Rome désapprouvait la protestation des évêques contre les ordonnances de 1828. Il se plaint de l'ingratitude de l'Église à son égard : « Défendez-donc la

4.

religion, l'Église... L'Église était dans l'arène, livrée aux bêtes... J'ai senti le besoin de combattre pour elle. Aussitôt on lapide le téméraire sans mission. » Il se plaint d'un évêque qui ne veut entendre parler de liberté que dans un sens spirituel, et qui ne comprend pas que Jésus-Christ a aboli l'esclavage politique et domestique. Enfin, il déplore que l'opposition vienne de ceux mêmes dont on devait attendre le soutien : « L'Église, dit-il, en est arrivée à un véritable protestantisme de fait. »

Le livre *Des Progrès de la Révolution* contenait donc déjà une proposition d'alliance du catholicisme et du libéralisme, et il fut ainsi interprété par les catholiques : c'est ce qui résulte d'une lettre d'un catholique belge, à la fois libéral et catholique et qui souffrait profondément de la contradiction de ces deux opinions : « Votre ouvrage, lui écrivait-il, a rendu le repos à mon esprit et la paix à ma conscience. Catholique plein de foi, j'étais libéral en politique ; et cependant presque tous les catholiques que je voyais faisaient de l'autel et du trône une cause commune, et je voyais presque toujours l'incrédulité l'apanage du libéralisme. Cette contradiction a été pour moi la source de combats bien pénibles ; et cependant je ne pouvais me soumettre à regarder les peuples comme de vils troupeaux livrés légitimement en proie à la houlette imbécile d'un berger ou au couteau d'un bourreau. Votre livre a paru, monsieur, et a été pour moi une vive lumière, qui a subitement éclairé ce coin obscur où je tâtonnais depuis si longtemps ;... depuis ce temps, j'ai retrouvé la tranquillité... Votre ouvrage a fait une sensation immense dans ce pays ; trois contrefaçons en sont épuisées ; nos vieilles entrailles flamandes ont tressailli en reconnaissant les principes qui ont guidé nos pères dans leur si longue résistance au pouvoir. »

L'événement depuis longtemps prévu par Lamennais arriva. La Restauration succomba dans une lutte de quelques heures. Lamennais annonce cet événement à son amie la comtesse de Senft en lui apprenant en même temps que le duc d'Orléans va recevoir la couronne. « Le plus grand nombre, dit-il, préféreraient une république franchement déclarée, et *je suis de ceux-là*. Mais j'espère que la royauté sera purement nominative (6 août 1830). » C'était une illusion de croire que la république avait pour elle la majorité de l'opinion ; c'était une autre illusion de croire que la royauté serait purement nominative. Mais ce passage nous montre que Lamennais n'a pas attendu les *Paroles d'un croyant* pour être républicain : ce ne fut pas la conséquence extrême et déréglée de sa rupture avec Rome, ce fut la conséquence logique de ses opinions. Désabusé d'une royauté qui avait pour elle une longue et respectable tradition, et qui, malgré sa faiblesse, était encore une royauté chrétienne, il ne pouvait guère sympathiser avec une demi-royauté, dont le premier acte devait être d'abolir la religion d'État, et qui, préoccupée de se conserver, devait accorder la liberté d'une main parcimonieuse. Ne reposant ni sur la souveraineté du peuple, ni sur le droit divin, la quasi-légitimité portait en elle-même une cause radicale de faiblesse, et elle ne pouvait séduire Lamennais par aucun côté. C'était cependant une erreur grave de croire qu'un pouvoir quelconque, auquel on donne le prestige de la royauté, puisse se résigner volontairement à n'être que nominatif. Peut-être une royauté qui se fût contentée de régner sans gouverner, ou plutôt qui eût affecté le rôle d'arbitre entre les partis, au lieu de se mettre à la tête d'un parti, aurait-elle eu plus de chances de durée. Mais pour se décider à cette conception, il fallait les lumières d'une expérience que l'on n'avait pas encore.

Tout ce que nous venons d'exposer est antérieur au journal *l'Avenir*, et même à la révolution de Juillet; et, cependant, toute la doctrine de *l'Avenir* y est contenue en principe. Ce ne fut donc pas le contre-coup brusque d'une révolution inattendue qui porta Lamennais jusqu'au catholicisme libéral: il y arriva graduellement, naturellement et sans soubresaut. L'étonnement, mêlé de défiance, que cette évolution produisit dans le public, s'explique par ce fait qu'on n'avait pas été attentif à ces changemens. On avait toujours devant les yeux un abbé de Lamennais ultra et théocrate ; on ne pouvait croire à son libéralisme ; on n'y voyait qu'un jeu pour ressaisir sous cette nouvelle forme le pouvoir de l'Église. On vit bientôt que ce n'était pas un jeu ; car Lamennais allait sacrifier à cette nouvelle croyance sa vie, son état ecclésiastique, sa foi, son âme entière. Ses plus grands ennemis, les plus opposés à ses nouvelles convictions, doivent reconnaître qu'il a fallu des raisons bien profondes pour expliquer un tel sacrifice. Dans le camp abandonné, on a tout rapporté à l'orgueil, qui est d'ordinaire l'explication dont on se sert pour qualifier toute tentative d'indépendance. Satan lui-même est tombé par orgueil. C'est là, à notre avis, une explication bien superficielle. Il est plus probable que la désillusion avait atteint le fond même de l'âme, et que, si Lamennais fût resté fidèle, comme la sagesse le conseillait, ce n'eût été qu'aux dépens de la sincérité. Il ne s'agit pas de condamner ceux qui ont pris une autre route que lui, et qui ont laissé un nom pur et une mémoire des plus respectables ; mais Lamennais était une âme autrement profonde. Croire à demi lui était impossible. Les premières assises emportées, il vit, comme le disait plus tard Jouffroy, « qu'il ne restait plus rien qui fût debout ». Sans doute il eût pu mettre moins de violence et moins de haine dans sa déclaration d'indépendance. Mais tout ceux qui ont mis leur foi dans la liberté de l'esprit humain ne peuvent avoir trop de respect et de compassion pour les douleurs de ce grand Prométhée enchaîné et déchaîné.

Mais nous n'en sommes pas encore au moment tragique de la crise ; nous ne sommes qu'au début, dans la période de l'audace et de l'espoir. C'était le moment où, avec ses jeunes amis, Lacordaire, Montalembert, l'abbé Gerbet, Lamennais fondait le journal *l'Avenir*, vers la fin de 1830. Quelle allait être l'attitude de ce nouveau journal ? Dans son premier article d'octobre, Lamennais exposait l'esprit de cette publication. Dans la dissolution universelle, il ne reste que deux principes debout : Dieu et la liberté. Unissez ces deux principes, et les deux grands besoins de l'âme seront satisfaits. Jusqu'ici les catholiques se sont défiés de la liberté, parce qu'elle était défendue par une philosophie impie ; mais cette philosophie elle-même n'était impie que parce que la religion s'était associée au despotisme. On combattait la religion pour combattre l'absolutisme ; mais le vrai christianisme, le christianisme compris dans son essence et dans son esprit, n'était pas incompatible avec la liberté, car il en est la base. La liberté a besoin du catholicisme pour fonder le droit sur quelque chose de divin, et les catholiques ont besoin de la liberté pour répandre leurs doctrines. Toutes les grandes forces sociales ayant été l'une après l'autre minées et ruinées, la liberté individuelle, la liberté de tous, est la seule garantie possible. Donc point d'autre issue que l'alliance de la liberté et de l'Église.

Liberté par l'Église, mais aussi liberté pour l'Église, voilà la formule nouvelle que venait proposer l'abbé de Lamennais. Ni l'un ni l'autre ne seront possibles tant que l'Église restera enchaînée au pouvoir civil. En principe, sans doute, l'Église et l'État ne doivent faire qu'un : il n'y a qu'une société. Mais pour qu'une telle société existe, il faut une croyance commune et des principes acceptés. Mais si les croyances sont divisées, si les principes sont mis en question, comme aujourd'hui, aucune de ces croyances, aucun de ces principes ne peut prétendre à absorber en sa faveur la force de l'État pour l'imposer aux autres. Cet emploi de la force retarde le triomphe de la vérité au lieu de l'accélérer. La violence profane le sanctuaire de l'âme. L'Église elle-même, dans cette union, fait un marché de dupes ; car pour s'assurer l'empire, elle perd sa propre liberté. Lamennais donc proposait comme remède ce que l'on appelle aujourd'hui « la séparation de l'Église et de l'État ». Cette formule, depuis si célèbre, lui appartient. C'est lui qui, le premier, l'a introduite dans la controverse politique. C'est la formule que M. de Cavour a reprise en la traduisant en ces termes : l'Église libre dans l'État libre (1).

_____

(1) Cette formule de Cavour peut bien s'entendre même d'un pays où

Ainsi, cette thèse de la séparation, soutenue aujour-
d'hui par les écoles radicales les plus opposées au christianisme et par haine du christianisme, a été primitivement
l'invention du parti catholique, ou du moins de la portion
de ce parti qui ne voyait plus de salut pour l'Église que
dans la liberté. Suivant Lamennais, la séparation des
deux puissances est la conséquence de la liberté de conscience. Ou l'État protège l'Église, ou il l'opprime ; dans
les deux cas, il y a violation de la liberté. Si l'Église obéit,
elle est suspecte de servilité ; si elle résiste, de rébellion.
Comme conséquence de cette réforme, Lamennais demande
que le gouvernement ne soit plus rien dans le choix des
évêques ni des curés, qu'il ne se mêle ni du culte, ni de
l'enseignement, ni de la discipline, que la liberté de communication avec Rome soit entière. Au fond, il s'agit d'instituer un gouvernement en face des gouvernemens, et,
comme on disait autrefois, un État dans l'État. Les avantages pour l'Église selon Lamennais, seraient bien supérieurs aux inconvéniens. Le seul sacrifice que l'Église
aurait à faire en compensation serait le sacrifice du salaire
des prêtres. Mais ce salaire est contraire à leur dignité et
à leur indépendance. Ils achètent leur subsistance par
l'abandon de leur liberté. D'ailleurs, qu'y a-t-il à craindre ?
La charité viendrait au secours du sacerdoce, comme elle
le fait en Irlande, dans ce pays de pauvreté et même de
détresse, et où cependant les pauvres aiment mieux tout
souffrir que de laisser leur clergé sans ressources. Enfin,
il faut revenir au christianisme primitif, pauvre, nu, se re-

Il existe un clergé salarié ; mais prise à la rigueur, elle conduit à la
séparation.

crutant parmi les faibles et les misérables, donnant l'exemple du sacrifice et de l'humilité ; à ce prix, le christianisme
peut espérer un avenir nouveau de gloire et de renaissance.
Telle est l'idée fondamentale du journal *l'Avenir*, idée qui,
conçue d'abord dans l'intérêt du catholicisme, a été plus
tard retournée contre lûi. Ce n'est pas le lieu de juger cette
conception. Ce n'en est pas moins un grand honneur pour
Lamennais et son école d'avoir introduit dans la question
si complexe des rapports de l'Église et de l'État une solution nouvelle, qu'il appartient à l'avenir de mûrir et de mi-
tiger.

Indépendamment de cette thèse extrême et radicale, qui
peut être sujette à discussion, *l'Avenir* posait les bases
d'une réconciliation entre l'Église et la liberté. Voici quelles
étaient les bases de cette sorte de traité de paix : I. Nous
restons catholiques liés à l'unité et à la hiérarchie ;
II. Nous repoussons les doctrines gallicanes ; III. Nous
demandons toutes les libertés, notamment la liberté de
conscience, la liberté d'enseignement, la liberté de la
presse, la liberté d'association ; IV et V. Enfin, nous demandons l'extension des droits de suffrage et la suppression de la centralisation.

Si nous cherchons ce que le parti catholique apportait
de nouveau dans ce catalogue de libertés, ce qu'il ajoutait
à nos anciennes déclarations de droit et aux principes
de 1789, nous trouvons surtout deux libertés nouvelles
que le libéralisme ne revendiquait que rarement parce
qu'il croyait y voir une arme contre la révolution plutôt
qu'une conséquence de cette révolution même. Ce sont la
liberté d'enseignement et la liberté d'association. En effet,

l'État moderne s'étant affranchi de l'Église a d'abord pris ses précautions contre elle, en se réservant l'enseignement et en lui refusant le droit d'association. Cependant l'Église a le plus haut intérêt à ces deux libertés ; c'est à elle qu'il appartenait de les réclamer : car on ne réclame en général que les libertés dont on a besoin pour soi-même. Il faut donc (en partie du moins et sans méconnaître les réclamations antérieures) rattacher au journal *l'Avenir* l'origine de ces deux grandes questions. L'*Avenir* abordait en outre la question de la souveraineté, et s'appuyant sur la tradition théologique, il se prononçait pour la souveraineté du peuple. C'était, en effet, la doctrine de saint Thomas d'Aquin et de la plupart des scolastiques. C'est, au contraire, dans l'école des légistes, des défenseurs du pouvoir laïque contre les prétentions sacerdotales, que la doctrine moderne du droit divin et du pouvoir absolu a pris naissance. Enfin, pour ce qui concernait la forme du gouvernement, le journal se prononçait pour la république, mais en déclarant que le gouvernement nouveau, issu de 1830, était une république de fait, et qu'il n'y avait pas lieu de trop se préoccuper de la forme abstraite et théorique du gouvernement.

L'Église réclamant ainsi pour elle-même et pour tous toutes les libertés n'était plus suspecte d'alliance avec le despotisme ; elle n'avait plus d'autre arme que la vérité seule, et il est impossible que cette vérité ne se fasse pas reconnaître et obéir ; la société redeviendra chrétienne par la force des choses, et l'unité morale du genre humain se rétablira spontanément. Tel est le rêve que Lamennais caressait dans ce premier moment d'enthousiasme qui

P. JANET. — Lamennais.   5

suivit la révolution de Juillet, et dont l'*Avenir* fut l'expression pure, naïve, désintéressée. L'ardeur du vieux prêtre se communiquait aux hommes généreux et candides qui, groupés autour de lui et inspirés par lui, croyaient travailler, comme de nouveaux apôtres, au renouvellement de l'Église, à la résurrection de la foi ; et, cependant, quelque brillantes que fussent ces espérances, quelque talent, quelque foi, quelque enthousiasme qu'apportassent à cette œuvre les rédacteurs de l'*Avenir*, les idées précédentes trouvèrent peu d'écho dans le monde catholique. Le journal fut obligé de suspendre sa publication. En le suspendant, on ne voulut pas cependant avouer au monde ni s'avouer à soi-même qu'on s'était trompé. On crut avoir trouvé un moyen de salut et de force en allant soumettre la nouvelle doctrine à la plus haute des autorités, à celle que l'abbé de Lamennais avait toujours proclamée l'autorité suprême et infaillible. Il crut que, si le clergé se défiait, s'il se tenait à distance, c'est qu'il craignait de déplaire aux grands dignitaires de l'Église ; et ceux-ci eux-mêmes étaient tenus en respect par la crainte de Rome. Si donc on pouvait obtenir de Rome elle-même quelque adhésion, quelque encouragement, au moins quelque témoignage de sympathie, on retrouverait auprès du clergé l'appui qu'il n'osait pas donner. De là la funeste résolution d'aller à Rome, suggérée par Lacordaire, acceptée avec empressement par Lamennais, acte trop peu médité, qui était, en apparence, un acte de soumission, mais qui devait devenir plus tard l'occasion de la crise terrible qui coupa en deux la vie de Lamennais. Jusqu'ici, malgré l'entraînement des idées modernes qui l'envahissaient chaque jour de plus en plus, il était resté l'abbé de Lamennais, le catholique fervent, l'une des lumières de l'Église. Il allait revenir bientôt l'un de ses plus cruels ennemis.

Terminons le récit de cette première période en rappelant les mots touchans par lesquels se termine le dernier numéro de *l'Avenir*, dans lequel Lamennais annonçait à ses lecteurs son prochain voyage à Rome, et l'appel qu'ils allaient faire à l'autorité paternelle du souverain pontife : « Nous quittons un instant le champ de bataille pour un autre devoir également pressant. Le bâton du voyageur à la main, nous nous acheminerons vers la chaire éternelle ; et là, prosternés aux pieds du pontife que Jésus-Christ a préposé pour guide et pour maître à ses disciples, nous lui dirons : « O père, daignez abaisser vos regards sur quelques-uns d'entre les derniers de vos enfans, qu'on accuse d'être rebelles à votre infaillible et douce autorité ; les voilà devant vous ; lisez dans leur cœur, il ne s'y trouve rien qu'ils veuillent cacher ; si une seule de leurs pensées, une seule, s'éloigne des vôtres, ils la désavouent, ils l'abjurent. Vous êtes la règle de leurs doctrines ; jamais, non jamais, ils n'en connaîtront d'autres. O père, prononcez sur eux la parole qui donne la vie, parce qu'elle donne la lumière, et que votre main s'étende pour bénir leur obéissance et leur amour. » En parlant ainsi, Lamennais était sincère ; il se croyait l'âme docile et se persuadait que la foi surmonterait tout. Il comptait sans les passions humaines, sans l'amertume des malentendus, sans les irritations d'une longue et stérile attente, sans la force de plus en plus entraînante de ses convictions nouvelles,

sans les retours menaçans de l'incrédulité de sa jeunesse
jusqu'ici conjurée par la chaleur de la lutte, mais que la
douleur d'une grande cause perdue ferait reparaître à la
surface. Il ne connaissait pas le saint-siège ; il ne se connaissait pas lui-même. La politique glacée d'un pouvoir
vieilli mise en présence des brûlantes ardeurs d'un génie
tourmenté d'idéal jeta Lamennais dans un trouble profond
et dans un véritable désespoir. Ses amis, plus jeunes que
lui, purent se sauver, grâce aux espérances et à la sou-
plesse de l'âge. Mais atteint dans sa pleine maturité, il
n'avait plus assez de ressort pour recommencer sa vie
dans le même ordre d'idées, ni assez de lassitude pour
s'éteindre dans le silence. Il ne pouvait vivre que dans la
foi. Désabusé d'un côté, il se tourna de l'autre. Les vastes
espérances humanitaires qui agitaient son époque s'empa-
rèrent de son imagination et substituèrent un nouveau mi-
rage à celui qui l'avait déçu. Telle fut à peu près son histoire, que nous comprendrons mieux en la suivant pas à
pas dans les différentes phases de la crise qui allait se pré-
cipiter de plus en plus pour aboutir à la plus douloureuse
catastrophe.

II

Lamennais venait de partir pour Rome avec ses deux
amis, Lacordaire et Montalembert. Le récit de ce voyage,
des causes qui l'ont amené, des incidens qui l'ont signalé,
des conséquences qu'il a eues, est le sujet d'un des livres
les plus intéressans de l'auteur et l'un de ses meilleurs

ouvrages, *les Affaires de Rome* (1836). Cet ouvrage est intéressant non seulement par le fond, mais encore par la forme. Le talent pittoresque et descriptif s'y joint à la verve du polémiste. On y trouve des peintures de mœurs, des portraits, des récits d'une langue souple et naturelle. Toute déclamation a disparu. L'écrivain s'est dégagé de l'école de Jean-Jacques Rousseau. Il rentre dans les meilleures traditions françaises, et l'ouvrage est aussi agréable pour nous qu'il est fort et cruel pour ses adversaires.

Lamennais commence naturellement par expliquer la question, par résumer l'entreprise qu'avaient tentée les rédacteurs de l'*Avenir*, et dont ils venaient soumettre le plan à l'autorité du pape. Cette entreprise était celle-ci : le fait d'une aspiration universelle à la liberté étant donné, ils avaient essayé une réconciliation du christianisme et de la liberté.

D'une part, ils voulaient ramener le libéralisme à sa source pure et primitive, c'est-à-dire au christianisme ! en effet, la source du despotisme n'est autre chose que l'égoïsme ; renversez les despotes, vous n'aurez rien fait si l'égoïsme subsiste ; ils seront remplacés par d'autres despotes. On ne peut donc combattre le despotisme qu'en combattant l'égoïsme, et on ne peut combattre l'égoïsme que par l'amour et la charité. A la cause du mal, il faut substituer la cause efficace du bien ; or la charité, c'est la loi évangélique qui l'a introduite dans le monde. La liberté et l'esprit chrétien sont donc inséparables.

D'un autre côté, il faut réconcilier le christianisme et le libéralisme. Pourquoi ? Lamennais touchait ainsi un point délicat, et sa franchise n'avait rien qui pût plaire à Rome.

Il signalait comme un fait évident que le christianisme
avait perdu du terrain dans le monde. Comment le reconquérir ? Est-ce en s'associant à la cause du pouvoir, c'està-dire d'un principe fragile qui partout recule devant le
principe de liberté ? Non ; le christianisme doit se régénérer
en plongeant ses racines dans le principe nouveau qui
anime le monde. En unissant sa cause à celles des peuples,
le christianisme peut retrouver sa vigueur éteinte. Il s'agit
de quelque chose de semblable à ce qui s'est passé lors de
la première prédication de l'évangile. Le vieux monde
croulait de toutes parts. Le christianisme a pris la défense
des faibles contre les forts, des pauvres contre les riches.
Le titre de serviteur est devenu la dénomination du pouvoir. C'est ce qu'il faut imiter et renouveler. D'où vient le
délaissement des peuples ? C'est que l'Église a pris parti
pour les puissans et pour les forts. Il s'agit de regagner la
confiance populaire, de venir en aide aux besoins de l'humanité, de la seconder dans ses nouvelles aspirations, de
faire régner enfin le principe chrétien de l'égalité des
droits.

Voilà la thèse de la nouvelle école catholique. Cette thèse,
disait Lamennais, pouvait bien au premier abord ne paraître
ni trop absurde, ni trop choquante. Elle méritait examen et
sympathie, et, en tout cas, quelque indulgence, car elle
venait d'un désir sincère du bien. Cependant mille obstacles
s'élevèrent ; mille oppositions et entraves enrayèrent cette
entreprise ; on faisait parler Rome, qui n'avait rien dit.
Les intéressés voulurent savoir ce qu'elle pensait. C'est à
elle-même qu'ils étaient venus soumettre leurs doutes et
leurs espérances. Ils attendaient une parole de bonté et de

direction. « Sans doute, dit Lamennais avec un esprit de
soumission que l'on doit croire sincère, si, à cette époque,
les écrivains de l'*Avenir* avaient pu savoir d'une manière
certaine qu'ils étaient désapprouvés, ils seraient rentrés
dans le silence. » Peut-être en parlant ainsi, l'auteur des
Affaires de Rome se croit-il après coup plus de douceur,
d'humilité et de résignation qu'il n'en avait au fond. L'âpreté
de cette nature énergique laisse planer quelque doute sur
cette soumission éventuelle à laquelle il paraît croire. Sans
doute, il est en effet probable que, si la désapprobation fût
venue plus tôt, plus franche, plus cordiale, lorsque les
esprits n'étaient pas encore engagés, et n'avaient pas encore
ce levain d'amertume qui fermente dans une lutte irritante,
il est probable, dis-je, que la soumission eût été plus facile
et plus complète, et peut-être n'eût-on pas vu la fatale
rupture qui allait bientôt éclater. D'autre part cependant,
si Lamennais et ses amis eussent eu plus d'expérience
des hommes, plus de sens pratique, au lieu d'apporter, dans
un temps d'affaires comme le nôtre, les sentimens d'apôtre
d'un saint Paul ou d'un Pierre l'Ermite, ils auraient compris que, si Rome ne disait rien, c'est qu'elle n'approuvait
pas. Ce qu'elle pouvait faire de mieux à l'égard d'une entreprise aussi nouvelle, c'était de se taire; et ses amis auraient
dû se contenter du silence. Le journal ne faisant plus ses
frais, il fallait renoncer à la publicité quotidienne et continuer à soutenir la cause, non encore condamnée, et qui
ne l'eût peut-être pas été, par des écrits individuels ou par
tout autre moyen. Vouloir aller trop vite, trop presser le
saint-siège, dont la situation était délicate, puisqu'il était
lui-même un de ces pouvoirs dont on voulait détacher le

christianisme, c'était trop demander. En exigeant trop, on
compromettait tout ; en demandant une parole expresse,
on forçait le saint-siège à prendre parti ; et qu'il pût dire
oui, c'est ce qui était bien peu probable, étant données les
tendances connues de la cour de Rome. On se mettait donc
soi-même d'avance dans la triste alternative d'une pénible
soumission ou d'une dangereuse révolte.

Lamennais ne méconnaissait pas cependant que son
entreprise entraînait beaucoup de difficultés, précisément
par le mélange de temporel et de spirituel qui constituait
alors la souveraineté pontificale. Le pape était à la fois
évêque et souverain. La question, si grave en elle-même,
l'était en outre beaucoup plus à Rome qu'à Paris. Lamennais, avec son esprit absolu et son tempérament d'apôtre,
n'hésitait pas et il s'écriait, en s'adressant au pape : « Aban-
donnez les débris terrestres de votre grandeur ruinée. Re-
prenez la houlette des premiers pasteurs. » Cela était plus
facile à dire qu'à faire. Il disait encore avec une grande
vérité : « Qu'aucune institution ne déchoit que par l'affai-
blissement de son principe et ne se relève que par le retour
à l'esprit qui lui est propre. » Mais lorsque avec le temps
une institution s'est mêlée au réseau d'une société com-
pliquée, est-il si facile de revenir à la simplicité primitive ?
Sans doute le christianisme à l'origine était une doctrine
essentiellement populaire ; mais, comme toutes les puissances, il s'était organisé avec le temps ; la hiérarchie
avait remplacé la simplicité première. Il s'était combiné
avec des intérêts sociaux innombrables dont il n'était pas
facile de le dégager. Pour redevenir ce qu'il avait été à
l'origine, était-ce simplement l'alliance avec les pouvoirs

politiques qu'il fallait dénouer? N'était-ce pas tout le système de la hiérarchie constituée par le moyen âge? et ne
devait-on pas se rappeler que c'était ce retour à l'église
primitive qui avait été le mot d'ordre du protestantisme?
L'établissement d'un catholicisme libéral ne pouvait donc
se faire que peu à peu, par le fait des transactions nécessaires que le temps amène avec lui, mais non par une
brusque évolution, comme celle qui captivait l'imagination
et répondait aux passions ardentes de l'abbé de Lamennais.
Mais dans le feu de la lutte, d'aussi froides réflexions
avaient peu de chances d'être accueillies par lui, comme
ses propositions révolutionnaires en avaient peu de l'être
par la souveraine autorité.

Sans méconnaître cependant la valeur plus ou moins
plausible des argumens qu'on pouvait lui opposer, Lamennais croyait pouvoir se plaindre au moins de ce qu'à Rome
sa doctrine n'avait pas même été examinée. Il ne put
d'abord obtenir aucune audience, et lorsqu'il réussit enfin
à en avoir une, c'était à la condition qu'il n'y serait question de rien. En attendant, il insistait, et, à défaut d'entre-
tien oral, il envoyait au saint-père un *Mémoire* qu'il a reproduit dans les *Affaires de Rome*. Dans ce mémoire, il
examinait en détail les deux systèmes de conduite qui
étaient possibles en France pour le clergé après la révolution
de 1830: ou rester attaché au pouvoir et se perdre avec
lui, comme on l'avait fait sous la restauration, et cela en
faveur d'un gouvernement nouveau essentiellement hostile,
et qui, sans aller jusqu'à la persécution, voulait l'asservis-
sement de l'église; ou, au contraire, s'unir au parti de la
liberté pour obtenir une liberté de conscience entière,

5.

la liberté d'enseignement pour les catholiques et la liberté
d'association pour les congrégations religieuses. Entre ces
deux systèmes, Lamennais pensait qu'il était impossible
d'hésiter. Il montrait que l'église en soi n'est qu'incompatible avec aucune liberté, que l'abandon du salaire des prêtres ne compromettait en rien ni leur dignité ni leur sécu-
rité. La séparation de l'église et de l'état était, suivant
Lamennais, la conséquence nécessaire des doctrines
romaines qu'il avait toujours soutenues. Car l'association
de l'église et de l'état, sous quelque forme qu'elle se présente, c'est toujours le gallicanisme, la suprématie de l'état
sur l'église, par la nomination des évêques, par les limites
imposées à son enseignement, par les entraves mises à la
libre communication avec Rome. Rome, en s'opposant aux
doctrines nouvelles, s'opposait donc à ses propres doctrines.
Tel était le mémoire rédigé et présenté par l'abbé de
Lamennais. On ne lui fit même pas l'honneur de l'examen.
On ne l'invita pas, on ne l'autorisa pas à se défendre et à
s'expliquer. Ici, Lamennais est véritablement intéressant.
Peut-être encore une fois se fait-il illusion, en se persua-
dant qu'il eût cédé à un mot paternel ; mais on ne peut pas
dire que cela n'eût pas eu lieu ; et le silence humiliant
gardé à son égard, lui, le plus grand apologiste de l'église
à cette époque, semble autoriser ses plaintes ; on est tenté
de lui donner raison lorsqu'il s'écrie : « Je me suis souvent
étonné que le pape, au lieu de cette sévérité silencieuse,
ne nous eût pas dit simplement : Vous avez cru bien faire,
mais vous vous êtes trompés. Placé à la tête de l'église,
j'en connais mieux que vous les besoins et les intérêts, et
seul j'en suis juge. En désapprouvant la direction que vous

avez donnée à vos efforts, je rends justice à vos intentions.
Allez, et désormais, avant d'intervenir en des affaires aussi
délicates, prenez conseil de ceux dont l'autorité doit être
votre guide. » Ce peu de paroles ajoute Lamennais, aurait
tout fini. Cela n'est peut-être pas aussi certain qu'il le
croit; mais au moins tous les torts eussent été de son côté.
L'église aurait usé de maternité envers une grande et géné-
reuse nature, entraînée seulement par un excès d'idéal.
Mais rien ne fut dit : on resta de part et d'autre dans cette
attitude de froide réserve et de silencieuse défiance qui
envenimait tout et qui brisait l'âme de Lamennais; car les
natures sensibles et nerveuses comme la sienne sont par-
dessus tout incapables de supporter l'attente, l'incertitude,
les sous-entendus, les équivoques de la politique, et les
lentes et froides résolutions de la vieillesse timide et cir-
conspecte. Mille émotions contradictoires traversaient et
ébranlaient son âme. Il eût peut-être aimé lui-même à être
forcé de couper court à ses desseins par un mot décisif;
et si ce mot eût été accompagné de bonté, c'eût été sans
doute une délivrance; mais céder sans savoir pourquoi,
sans même qu'on le lui demandât, sans qu'on parût y tenir,
sans être averti autrement que par des intermédiaires dont
le langage était vague et hésitant, c'était une sorte d'humi-
liation qu'un saint Bernard eût peut-être été capable
d'accepter, mais qu'un homme qui n'était qu'homme n'avait
pas le courage de s'imposer à lui-même.

Cependant Lamennais fut reçu par le pape, et il reconnaît
qu'il le fut avec bonté; mais pas un mot ne fut dit, aucune
explication ne fut demandée, aucune ne fut donnée. Dans
cette audience, qui dura un quart d'heure, le pape ne

voulut parler que d'art; il montra à Lamennais une sta-
tuette de Michel-Ange, en lui disant : « Reconnaissez-vous
la griffe du lion ? » Puis, après quelques mots du même
genre, dans lesquels le pape éluda toute allusion à la question
en litige, il lui dit : « Adieu, monsieur l'abbé (1). » Cette
courte et froide réception fut tout ce que Lamennais put
obtenir. L'ambassade avait échoué. Lamennais resta encore
quelque temps à Rome ; ses amis Lacordaire et Montalembert partirent les premiers. Il attendait toujours une
réponse, un examen. Cette réponse arriva enfin sous une
forme indirecte, mais, il faut le dire, sous la forme la plus
maladroitement malheureuse que l'on eût pu choisir. La
papauté eût voulu de gaîté de cœur provoquer un schisme
qu'elle ne s'y fût pas prise autrement. Ce fâcheux incident
fut le *Bref aux évêques de Pologne*. Pour bien comprendre
combien ce bref a pu contribuer à arracher de l'âme de
Lamennais les derniers vestiges d'amour et de respect qui
y restaient encore pour la chaire pontificale, il faut se
transporter à cette époque, se mettre au diapason des
sentimens d'alors ; il faut se rappeler quelle était alors la
sympathie ardente du public libéral européen pour la cause
de la Pologne. Elle représentait une nation écrasée, une
patrie détruite, violemment spoliée et violemment main-
tenue dans la servitude ; elle représentait, en outre, la
cause de la liberté religieuse, de la liberté catholique. La
cause de la Pologne n'était donc pas la même que celle du

(1) Ce récit est emprunté à l'abbé Ricard, que nous avons lieu de
croire bien informé (*l'École ménaisienne*) ; d'après le même auteur, le
pape aurait offert à Lamennais une prise de tabac : l'abbé accepta en
maugréant, dit l'abbé Ricard, en se disant qu'il n'était pas venu là pour
priser.

libéralisme en général ; ce n'était pas une cause révolutionnaire. Elle représentait deux choses, que l'église elle-même avait toujours déclarées inviolables : la patrie et la religion. Ces deux causes avaient triomphé en Belgique, et le succès avait obtenu l'adhésion de la cour de Rome. La Pologne était vaincue, écrasée sous une réaction sanglante et décimée par d'affreux supplices : c'est le moment que choisissait la cour de Rome pour l'accabler et lui porter le dernier coup, et cela, trop évidemment, par des raisons purement politiques et temporelles, et parce que le pouvoir pontifical avait besoin de l'appui de la Russie. « Nous avons été informés, disait le bref de 1832, de la misère affreuse dans laquelle ce royaume a été plongé, et que cette misère avait été causée uniquement par les menées des malveillans, qui, sous prétexte de l'intérêt de la religion, se sont élevés contre la puissance des souverains légitimes. » Le bref soutenait, à l'aide de l'Écriture, « la soumission absolue au pouvoir institué par Dieu », sans expliquer si cette soumission peut s'appliquer à un peuple conquis et qui cherche à reconquérir son indépendance. On se demande comment, avec ce principe, on pourrait justifier les Machabées, qui ont cependant été toujours cités comme exemple à tous les fidèles. On comprend que Lamennais ait été profondément froissé par ce bref, qui condamnait indirectement toutes ses doctrines et même plus encore, et qui lui ôtait toute illusion sur le rôle spirituel, fraternel, chrétien, de la papauté. Sans cependant combattre directement le bref, il s'en prend au *Journal officiel*, qu'il censure amèrement en ces termes : « Tant que l'issue de la lutte entre la Pologne et ses oppresseurs demeura douteuse, le *Journal officiel*

romain ne prononça pas un mot qui pût blesser le peuple
vainqueur en tant de combats. Mais à peine eut-il succombé,
à peine les vengeances eurent-elles commencé le supplice
d'une nation dévouée au glaive, à l'exil, à la servitude, que
le même journal ne trouva pas d'expressions assez inju-
rieuses pour flétrir ceux que la fortune avait abandonnés.»
Je le répète, il nous est difficile de comprendre aujourd'hui
les sentimens de Lamennais. La question polonaise a perdu
de son acuité. La France a commencé à trouver ridicule le
rôle de donquichottisme qu'elle s'était attribué dans le
monde. Mais, à cette époque, la Pologne représentait, sous
sa forme la plus aiguë, la lutte du despotisme et de la
liberté. Les sentimens les plus amers durent atteindre les
âmes catholiques, en voyant un peuple catholique flétri
par le pape pour avoir, comme les Machabées, soutenu la
patrie et la religion les armes à la main.

Las d'attendre un jugement qui n'arrivait pas, Lamennais
se décida à partir. Mais, en partant, il fit une démarche
grave, qu'on lui a reprochée, et qui contribua à envenimer
le débat. Il déclara publiquement que, puisqu'on ne voulait
ni le juger ni l'examiner, il allait reprendre la publication
interrompue et recommencer l'*Avenir*. C'était une faute,
étant donné qu'il voulût éviter la rupture et rester soumis
au saint-siège. De fait, le silence pontifical équivalait à un
désaveu. Lamennais reconnaît lui-même qu'il eût cédé à de
bonnes paroles; mais ce n'était là qu'une question de pro-
cédés. Le monde ne peut pas changer d'un jour à l'autre,
par cette seule raison qu'un vieux pape timide et entêté
n'ose pas traiter franchement une question délicate avec
un adversaire redoutable, et n'a pas assez de bonne grâce

pour envelopper son mécontentement dans une douce re-
montrance. En fait, c'était bien la même chose, à savoir la
désapprobation, moins l'adresse et la bonté. La cour de
Rome n'a rien de sentimental ; elle ne peut pas traiter
d'égal à égal avec un fils rebelle. Elle ne dit rien, cela
suffit, c'est à lui à comprendre ; car, si on avait voulu
l'approuver, pourquoi ne le lui eût-on pas dit ? Déclarer
ouvertement, malgré ce silence désapprobateur, que l'on
allait reprendre *l'Avenir*, c'était un défi : c'était provoquer
un jugement beaucoup plus grave que celui qu'on avait
demandé. Le silence pouvait encore, à la rigueur, autoriser, sinon un journal à tendances déclarées, au moins
une défense indirecte et mitigée d'un catholicisme libéral ;
ce qui le prouve, c'est que les amis de Lamennais ont pu
continuer à suivre cette ligne sans encourir ouvertement
aucun blâme. Ce n'est que beaucoup plus tard que le
catholicisme libéral s'est vu tout à fait désavoué à Rome,
lors du *Syllabus* de Pie IX, et encore, sous une forme
tellement équivoque, que ses partisans, tout en se soumet-
tant, ont trouvé moyen de garder toutes leurs opinions.
Mais une telle latitude de conduite n'est pas le fait d'un
apôtre. Un apôtre ne pactise pas. Il va droit devant lui.
Lamennais, en partant de Rome, avait donc semé le germe
de la tempête qui devait éclater bientôt. L'auteur d'un
récit récent sur l'*École ménaisienne*, l'abbé Ricard, nous
raconte, sur des renseignemens qui paraissent pris à de
bonnes sources, tout le détail de cette nouvelle phase des
affaires de Rome. A Munich, par où Lamennais avait passé
en revenant en France, afin de se mettre en rapport avec
la petite église catholique de cette ville, il revit Lacordaire,

dont il était séparé depuis plusieurs mois. Celui-ci, paraît-il
par ses pressantes objurgations, avait fini, — c'est lui-
même qui le raconte, — par persuader son vieux maître.
« La paix était faite, ajoute l'abbé Ricard. C'était le 29
août; le lendemain, 30 août 1832, devait être la grande
date de la seconde vie de Lamennais. C'est au milieu d'un
dîner que la foudre éclata. Les écrivains et les artistes les
plus éminens de Munich avaient offert un banquet aux trois
voyageurs. La réunion était animée, cordiale. L'un des
présidens de la table venait de boire à l'union des catholiques de France et d'Allemagne. Un domestique s'approche
de Lamennais, lui dit quelques mots à voix basse. Lamennais quitte la table. On fait silence. Peu d'instans s'écou-
lent. Lamennais revient, la figure bouleversée, l'œil en
feu, tenant à la main un pli dont le sceau avait dû être
brisé fiévreusement. On le regardait; il se tut. Les conversations essayèrent de se renouer, mais en vain. On sort de
table. En sortant, le maître, d'une voix saccadée, avait dit
à ses deux compagnons : Je viens de recevoir une encyclique du pape contre nous. Nous ne devons pas hésiter à
nous soumettre. »

Ainsi, la réponse du saint-siège arrivait enfin. Elle était
accablante pour l'abbé de Lamennais et pour ses amis;
est-il permis de dire, accablante aussi peut-être pour le
catholicisme et pour le christianisme lui-même. La papauté
rompait tout lien avec la pensée moderne, et, ce qui était
plus grave encore, avec les principes libéraux inhérents au
christianisme ; car il y avait une part de vérité dans ce que
disait Lamennais, à savoir que le christianisme, à son origine, était le parti des faibles, des pauvres, des misérables;

qu'au moyen âge les papes avaient souvent protégé les
peuples contre les rois ; enfin, que le principe libéral, à sa
source, était un principe chrétien. L'encyclique de 1832 fut
une rupture déclarée avec tous les besoins et tous les
principes de la société moderne. Cette encyclique, renou-
velée en 1867 par cette autre encyclique connue sous le
nom de *Syllabus*, a créé le grave conflit dont les conséquences sont sous nos yeux et qui met en face deux doctrines intolérantes dont aucune ne peut triompher que par
l'extermination de l'autre. S'il est vrai de dire que Lamennais avait poussé trop loin ses idées, qu'il avait trop engagé
le catholicisme dans la voie de la démocratie et de la
révolution, le fond de sa thèse, cependant, qui recomman-
dait la réconciliation de l'église et de la liberté, était plus
sage, plus pratique, plus chrétien même que la politique à
outrance qui a prévalu dans l'église.

Quoi qu'il en soit, l'encyclique proclamée, il fallut
prendre un parti. Une lutte sourde s'engage alors entre la
papauté et Lamennais et continue pendant près de deux
ans. Il serait trop long de suivre en détail les incidens
compliqués de cette lutte. Rappelons seulement, de la part
de Lamennais, les actes suivants : d'abord, une renonciation publique au journal *l'Avenir* ; puis une lettre adressée
au pape, dans laquelle il se soumet à l'encyclique, sauf en
ce qui concerne la politique ; enfin, une dernière déclaration de Lamennais, obtenue par les soins de l'archevêque
de Paris, M. de Quélen, et conçue en ces termes : « Je,
soussigné, déclare, dans les termes mêmes de la formule
contenue dans le bref du souverain pontife Grégoire XVI,
du 5 octobre 1833, suivre uniquement et absolument la

doctrine exposée dans l'encyclique du même pape, et je m'engage à ne rien écrire ou approuver qui ne soit conforme à cette doctrine. — Paris, 11 décembre 1833. — LAMENNAIS. » — Ces différens actes avaient été obtenus, l'un après l'autre, par les sommations directes ou indirectes de la cour de Rome. Ainsi, en dernière analyse, Lamennais avait cédé ; il avait cédé sans réserve ; il renonçait même aux réserves qu'il avait ajoutées à ses premières renonciations. Il semblait que tout était fini et consommé, lorsqu'un acte nouveau, inattendu, vint tout remettre en question, ou plutôt tout détruire, et à une soumission finale substituer une révolte absolue et une rupture définitive.

Sans nous prononcer sur cette nouvelle déclaration de guerre ni même sur le fond des choses, il nous semble, dis-je, que la cour de Rome a été bien dure, bien impérieuse, bien exigeante pour un grand homme, qui, en définitive, n'avait jusque-là, comme catholique, commis aucun péché. Car la conception de la politique catholique défendue par l'*Avenir* était une thèse libre, au moins tant que Rome n'avait pas parlé ; même l'annonce de la reprise du journal pouvait bien être une faute ; mais enfin ce n'était pas une faute catholique, puisque l'église n'avait encore rien dit : c'était une imprudence et un manque d'égards, mais ce n'était pas encore un acte de révolte. Dans ces conditions, quelques ménagemens eussent peut-être été dus au plus énergique, au plus éloquent défenseur que le catholicisme et l'église romaine eussent eu dans notre siècle. Quand on songe aux adresses, aux ménagemens, aux souplesses, à l'esprit de patience que l'église catholique manifeste envers les puissances de ce monde,

quand elle est en conflit avec elles, on se demande si
quelque chose de cette douceur et de cette patience n'aurait pas pu être employé à l'égard d'un grand génie et
d'une grande âme. Nous sommes loin de blâmer la condes-
cendance de l'église envers les pouvoirs humains : car les
choses humaines sont les choses humaines ; les affaires
sont les affaires. Mais parmi les affaires humaines, ne
faut-il pas compter aussi l'état des cœurs ? Atteindre un
cœur dans ses plus chères convictions, briser une volonté
qui ne demande qu'à se soumettre, mais demande aussi à
ne pas être accablée, foulée aux pieds, est-ce bien conforme
à la mansuétude chrétienne ? Ce que l'on demandait à
Lamennais, ce n'était pas la soumission, mais une soumission absolue, illimitée, sans aucune réserve. La soumission,
Lamennais l'avait faite. Dans une lettre écrite au pape, le
5 novembre 1833, il déclarait se soumettre à l'encyclique :
1° en tant qu'elle déclarait la tradition apostolique ; 2° en
tant qu'elle réglait les points de discipline. De plus, il avait
déclaré dans une lettre antérieure qu'il resterait désormais
en dehors des affaires de l'église. C'était bien renoncer à
la thèse de la séparation de l'Église et de l'État. Mais il
faisait ses réserves sur l'ordre politique, donnant à entendre
qu'à titre de citoyen français, il devait rester juge de la
politique à laquelle il lui conviendrait de donner son
adhésion. Malheureusement, c'était précisément de l'ordre
politique qu'il s'agissait. C'est ici le lieu de demander si,
en faisant cette réserve, Lamennais n'était pas en contradiction avec lui-même et avec toute sa doctrine antérieure,
c'est-à-dire avec le système d'autocratie spirituelle qu'il
avait réclamée pour Rome dans la première période de sa

vie. Il avait donné pour règle suprême l'autorité, et l'autorité de Rome. L'autorité le condamnait ; donc il avait tort.
Reste à savoir si l'autorité elle-même en exagérant son
propre dogme, et en poussant à bout son ancien défenseur,
ne le mettait pas précisément en face de la contradiction
radicale de son système. C'est ainsi que les systèmes se
retournent contre leurs auteurs et viennent se briser devant
leurs propres conséquences. Est-il bien vrai, d'ailleurs,
que le système de l'ultramontanisme, tel que Lamennais
l'avait conçu, conduisît logiquement à de telles extrémités?
Non ; car lui-même avait jadis fait des réserves ; il avait
dit qu'une autorité absolue du saint-père allant jusqu'au
temporel était une invention absurde des adversaires de
l'église, que jamais les défenseurs de la papauté, pas
même Boniface VIII, n'étaient allés jusque-là ; et il se
bornait à réclamer l'autorité du pape sur la part de spirituel mêlée au temporel. A la vérité, la limite était difficile à fixer ; mais, si loin qu'on la poussât, il y en avait
une ; et la soumission absolue et sans réserve qu'on voulait
lui imposer n'en fixait aucune. Quoi qu'il en soit, Rome ne
fut pas satisfaite ; et de plus en plus pressé par ses amis,
Lamennais, qui avait un fond de faiblesse, malgré sa violence, finit par céder, et remit entre les mains de l'archevêque de Paris la renonciation absolue qu'on lui demandait
et que nous avons citée.

Mais on sait ce qui advient des natures faibles, lorsqu'elles
ont été obligées de céder à des obsessions trop pressantes.
On se rappelle ce qui arriva à Lamennais lui-même lorsque
des obsessions semblables, brisant sa volonté, en avaient
fait un prêtre malgré lui. Le vieil homme se révolta ; un

cri de désespoir s'échappa de son âme. Nous avons cité la
lettre étrange, pressante, passionnée qu'il écrivit à son
frère dans cette occurrence. Ce n'avait été alors qu'une
révolte secrète et intérieure dont personne n'avait eu la
confidence. Il n'en fut pas de même en 1833. Vaincu et
humilié, Lamennais se laissa aller, par une réaction facile
à comprendre, mais moins facile peut-être à excuser, à un
acte de révolte et de colère qui retentit dans le monde
entier. Il est difficile de justifier cet acte si l'on songe à la
rétractation précédente ; il est difficile de comprendre cette
rétractation si l'on songe que le brûlot qui allait mettre
l'incendie dans l'église était déjà tout prêt. Il est probable
que Lamennais se satisfit la conscience en déclarant,
comme il l'avait déjà fait, et comme il le fait encore dans
une lettre à l'un de ses amis, le marquis de Coriolis (3 fé-
vrier 1834), qu'il était résolu à ne plus se mêler des affaires
de la religion et de l'église. Or le livre qui allait paraître
ne parlait que des affaires des peuples et des rois, et non
de celles de l'Église. Il était donc, il croyait être dans les
limites de la soumission précédente. Quelques jours même
avant cette renonciation finale, obtenue par l'archevêque
de Paris, il écrivait à un ami : « La question est maintenant
nettement posée. Il s'agit de savoir si les catholiques doivent
reconnaître dans le pape l'unique souverain au spirituel et
temporel... Rome essaiera de nouveau d'envelopper la
question politique dans la question religieuse, et moi je
les séparerai de nouveau (22 novembre 1833 (1). » N'était-ce
pas là encore un subterfuge ? n'était-ce pas précisément

(1) Cette lettre se trouve dans les *Confidences de Lamennais*,
publiées par M. de La Ville-Radel (1886).

cette réserve qui avait été condamnée à Rome, et qu'il allait abandonner définitivement dans sa renonciation du 11 décembre 1833 ?

Le sort en était jeté. Lamennais voulut « en finir ». C'est lui-même qui s'exprimait ainsi en confiant à Sainte-Beuve son manuscrit des *Paroles d'un croyant*, et en le chargeant de le faire imprimer. Ce livre fit un effet prodigieux. A l'imprimerie même où on le composait, les ouvriers interrompaient leur tâche pour le lire tout haut. Sainte-Beuve raconte qu'étant allé à l'imprimerie pour suivre les phases de l'impression, « il trouva les compositeurs qui avaient quitté leurs casses et s'étaient réunis en rond autour de l'un d'eux, qui déclamait avec un enthousiasme indescriptible le feuillet de copie qu'il tenait en main (1) ». L'impression produite par ce livre étrange est merveilleusement résumée dans une lettre (2) d'un des plus fidèles amis de Lamennais, M. de Vitrolles, qui lui rapportait en ces termes les jugemens recueillis autour de lui (11 mai 1834) : « Mais comment avez-vous laissé écrire et publier un pareil ouvrage ? — Et comment aurais-je pu l'empêcher ? — Mais c'est une œuvre abominable, tous les principes de la société y sont attaqués ; quelle violence, quel talent ! — Il n'y a plus de gouvernement possible, si les lois sont impuissantes pour faire condamner l'auteur par les cours d'assises. — C'est sublime, et puis c'est vrai. La légitimité est un dogme impie. Il n'y a que Dieu de légitime. — Vous ne me direz plus que Lamennais soit religieux et croyant ? Tous les dogmes de la religion sont renversés dans son ouvrage.

(1) Sainte-Beuve, *Constitutionnel*, 28 septembre 1861.
(2) *Correspondance inédite*, par Eug. Forgues, p. 247.

— Le conseil des ministres a été réuni. Guizot était pour
les poursuites ; de Rigny était contre, non qu'il ne trouvât
l'œuvre exécrable, mais parce qu'il craint le scandale et
l'inutilité. — Châteaubriaud disait en confidence : Conce-
vez-vous que dans mon article j'ai cru aller au delà de tout
ce qu'on pouvait dire, et en voilà un qui me laisse bien
loin en arrière ? — Mais enfin, dit Castelbajac, si l'abbé de
Lamennais avait lu l'Évangile... — Quelle beauté de pensée,
quelle perfection de style ! La langue n'avait pas encore
offert de pages semblables à l'élégie de la mère et de la
fille ! — Quelle fureur dans le chapitre des Rois !... L'auteur a *out-heroded* Rérode, comme Shakspeare fait dire à
Hamlet. — Ce qu'il y a d'heureux, c'est qu'il est prouvé
qu'il est fou, et qu'il sera incessamment aux Petites-Mai-
sons, et j'espère bien que Chateaubriand ne tardera pas à
l'y suivre. — C'est un bonnet rouge planté sur une croix !
— C'est l'apocalypse de Satan ! — C'est Babœuf débité par
Ezéchiel ! En voilà assez ! et j'en pourrais remplir encore
quatre pages. » Après avoir rappelé tous ces jugemens
pris sur le vif, et qui éclataient dans toutes les conversations, le baron de Vitrolles poursuivait sur le ton d'une
admiration profonde et d'une tendre amitié : « Vous subis-
sez, mon ami, les conditions de votre génie. Il est enfant
de la tempête, et vous la suivez au loin sans le savoir. Il y a
dans tout cela quelque chose de mystérieux, d'inexplicable
pour nous, pour vous-même. Votre cœur et votre esprit
ont été dupes de votre imagination ; et quel funeste présent qu'une telle imagination ! Que je bénis le ciel de ma
simple et médiocre raison en voyant à quels excès peut
conduire ce don fatal qu'on appelle le génie ! Hélas ! les

gémissemens, les reproches de mon amitié sont inutiles ;
la parole échappée ne saurait revenir. Que Dieu en écarte
les terribles conséquences ! »

Telle fut l'impression produite par les *Paroles d'un
croyant*. Ce livre extraordinaire, écrit en style biblique,
dont certaines parties, pour l'horreur, peuvent être com-
parées à l'*Enfer* de Dante, et d'autres, pour la douceur, à
l'*Imitation de Jésus-Christ*, est un des plus étonnans de
notre siècle. Les parties noires ont vieilli, mais les parties
pures et sereines sont restées intactes et sont aussi exquises
qu'à l'origine. Ce livre est si connu qu'il n'y a rien à en
citer. Rappelons seulement que, dans notre littérature
chrétienne et évangélique, il n'y a rien au-dessus de la
page qui commence en ces termes : « Vous n'avez qu'un
jour à passer sur la terre ; faites en sorte de le passer en
paix, » et qui contient cette admirable apostrophe : « Oh !
si vous saviez ce que c'est qu'aimer ! » Comment celui qui
sentait si vivement les beautés de l'amour et de la paix a-t-il
passé ses jours dans la haine et dans la guerre ? C'est que
le rêve d'un bien extrême dépassant la nature humaine
lui faisait voir partout un excès de mal qui n'existe pas
davantage ? Au fond, il n'y a pas de doctrine précise dans
les *Paroles d'un croyant*. C'est un poème et non un traité.
Ce que l'on peut y découvrir, c'est la doctrine des milléna-
ristes, quelque chose d'analogue à l'*Evangile éternel* de
Joachim de Flore au moyen âge. C'est l'illusion d'une société parfaite, idéale, paradisiaque, gouvernée par l'amour,
empêchée par la méchanceté des despotes, et qui sera obtenue par la liberté. Pour reconnaître ce qu'il y a d'illusoire
dans ce point de vue, il suffit de comparer les griefs de

l'auteur contre la société de son temps avec la peinture idéale et idyllique dont il nous fait la peinture. Tous ces griefs ont cessé d'être légitimes. Restriction du suffrage, monopole de l'enseignement, législation compressive de la presse, absence de liberté de réunion, de liberté des grèves, etc., tels sont les maux contre lesquels il déclame. Depuis, ce temps tous ces griefs ont disparu ; et, cependant, sommes-nous dans le paradis plus qu'auparavant ? Le progrès est vraiment impossible, si l'on ne commence pas par jouir des biens relatifs que l'on possède ; car tous ceux que l'on acquerra ne seront jamais que des biens relatifs ; et, comparés à un absolu indéfinissable, ils seront toujours des maux. On peut sans doute demander sans cesse plus que l'on a, mais c'est à la condition de ne point méconnaître ce que l'on a. Employer un langage qui serait à peine juste appliqué à un Néron contre des gouvernemens modérés qui ne vont pas tout de suite à l'extrémité de leurs principes, c'est un défaut de justesse qui gâte la plus grande éloquence. Il est vrai de dire, pour atténuer les torts de Lamennais, que s'il y avait en France à cette époque une liberté relative, il restait encore en Europe une grande part de vraie tyrannie ; des peuples entiers étaient opprimés, et l'ancien régime était encore tout puissant dans beaucoup d'États ; mais Lamennais ne faisait pas cette distinction. Il combattait tout sans réserve, et il livrait à la haine et au mépris tous les pouvoirs du monde. Il croyait trop aux vertus du peuple ; il croyait trop aussi à la nécessité d'une dissolution universelle pour faire éclore la société qu'il rêvait. Il avait franchi les limites qui séparent le libéralisme de la démocratie, et la démocratie réglée de la démagogie et de l'anarchie.

6

Nous ne suivrons pas Lamennais dans toute sa carrière
démocratique. Il se fit pamphlétaire, luttant de popularité
avec Timon (de Cormenin) dans sa guerre contre le gouvernement de Juillet. Il contribua pour sa part à la chute
de ce gouvernement. Tous les livres qu'il écrivit à cette
époque, *le livre du Peuple, Une Voix de prison*, etc., ne
sont plus que de faibles imitations des *Paroles d'un
croyant* ; on n'y trouve aucune idée personnelle : ce sont
les lieux-communs démocratiques, mêlés çà et là de socia-
lisme vague. Un seul doit être signalé comme caractéristique, ce sont les *Amschaspans et les Darvans*. Ces mots
représentent les génies bienfaisants et les génies malfaisans,
les bons et les méchans. Toute sa vie, Lamennais a ainsi
divisé les hommes en deux classes : d'un côté, le parti du
bien ; de l'autre, le parti du mal ; et toute sa vie aussi il a
assimilé les méchans à ceux qui ne partageaient pas ses
opinions. Seulement ceux qui étaient les bons dans la
première période de sa vie sont devenus les méchans dans
la seconde, et réciproquement. Mais c'était toujours la
même tolérance. Jusqu'au bout il fut l'ennemi du toléran-
tisme ; jusqu'au bout il eut des anathèmes. Il fut toujours
l'homme de l'*Essai sur l'indifférence*. Telle fut la malheureuse unité de sa vie.

Nous en avons fini avec la politique ; nous allons rentrer
dans la philosophie. Au moment où Lamennais semblait
le plus fini, le plus épuisé, au point de vue politique et
polémique, il se renouvelait en publiant la plus sereine et
la plus noble de ses œuvres, l'*Esquisse d'une philosophie*,
ouvrage trop oublié et auquel le nom même de Lamennais
a fait tort. On était tellement habitué à être troublé ou

révolté par ses écrits qu'un livre de pure philosophie, absolument désintéressé, sans passion, tout scientifique, parut
quelque chose d'ennuyeux. Les philosophes n'en firent pas
de cas parce qu'ils y virent une concurrence avec leurs
propres systèmes, et le public n'y comprit rien. C'est aujourd'hui un livre à exhumer; nous y consacrerons la fin
de cette étude.

CHAPITRE III

I

C'est un trait assez remarquable de la philosophie de notre siècle qu'un grand nombre de philosophes, et des premiers, ont eu deux philosophies, plus ou moins différentes l'une de l'autre. Ce trait ne se rencontre pas souvent dans le passé. Ni Descartes, ni Spinoza, ni Malebranche n'ont eu deux doctrines successives. Leibniz a sans doute constamment modifié sa philosophie, mais toujours dans le même sens. Le xviiie siècle présente le même spectacle. Ni Condillac, ni Diderot, ni Helvétius n'ont changé de philosophie. Au xixe siècle, au contraire, le fait est très fréquent. Fichte, le philosophe du moi et de la volonté, a fini par une philosophie mystique, d'un caractère alexandrin. Maine de Biran a traversé les mêmes phases ; et il a passé, comme Fichte, de la philosophie de la volonté au mysticisme chrétien. Schelling a commencé par la philosophie de la nature et a fini aussi par une philosophie néo-chrétienne. V. Cousin a passé du panthéisme allemand au théisme spiritualisme et cartésien. Aug. Comte a eu également ses deux périodes : la période objective et la période subjective ; la première exclusivement scientifique, et la seconde sentimentale et religieuse. Ce fait singulier tient sans doute à la complexité des idées de notre siècle. Dans la première partie de sa carrière, chaque philosophe est frappé d'un point de vue exclusif ; dans la seconde, il cherche à faire la part des élémens qu'il a négligés dans la première. Quelle que soit l'explication du fait, Lamennais nous présente à son tour le même exemple de transformation. Seulement, dans la plupart des cas, le mouvement s'est fait du point de vue philosophique au point de vue religieux. Lamennais, au contraire, s'est transformé en sens inverse. Sans abandonner jamais les idées religieuses, il est passé de la théologie à la philosophie ; de la philosophie militante à la philosophie pure, spéculative, contemplative ; de la polémique à la forme abstraite et théorique. De ses deux ouvrages philosophiques, le premier, l'*Essai sur l'indifférence*, a fait beaucoup plus de bruit, et, grâce à un paradoxe célèbre, a fondé une école ; le second, l'*Esquisse d'une philosophie*, a peut-être moins d'originalité, mais plus de grandeur et de majesté ; l'*Essai sur l'indifférence* est une œuvre de parti ; l'*Esquisse* est une œuvre de science. Le style de l'*Essai* est plein de véhémence et de chaleur ; celui de l'*Esquisse*, d'une largeur et d'une sérénité remarquables. Le premier a creusé une question logique des plus importantes, le critérium de la certitude ; le second embrasse toutes les questions de la philosophie.

On ne peut pas dire, sans doute, que l'*Esquisse d'une philosophie* présente un système nouveau et original. C'est plutôt une œuvre composite, où beaucoup d'idées d'origine différente se mêlent et quelquefois se contrarient ; mais

6.

ces idées sont grandes et intéressantes, et quelques-unes
même, neuves alors, anticipent sur la philosophie ulté-
rieure. Le mérite éminent de cette œuvre est surtout d'être
à peu près le seul essai de synthèse générale philosophique
qu'ait présenté notre siècle. Ni les écrivains de l'école sen-
sualiste, Cabanis et Broussais, ni ceux de l'école spiritua-
tiste, V. Cousin et Jouffroy, ni les philosophes humanitaires et socialistes, ni ceux de l'école théologique (Lamennais lui-même, dans sa première période), n'avaient
essayé, comme les Allemands, de rassembler et d'enchaîner dans une œuvre composée et savamment équilibrée
l'ensemble de leurs vues philosophiques sur l'homme,
l'univers et Dieu. Une ontologie, une théologie, une cosmologie, une anthropologie, une esthétique, une philosophie
des sciences : telles sont les différentes parties de cette
œuvre magistrale. Il n'y manque qu'une politique, qui
devait former le cinquième volume, et dont il reste quelques
fragmens. Une conception aussi vaste d'une pensée large
et compréhensive, d'une forme noble et sévère, sans déclamation ni violence, de l'esprit philosophique le plus libre
associé aux convictions spiritualistes les plus hautes, c'est
là certainement une des grandes œuvres dont notre siècle
aurait le droit de s'honorer ; et l'on peut trouver que la
France est bien dédaigneuse de ses propres richesses philosophiques en dédaignant et en oubliant ce grand effort
spéculatif dans lequel Lamennais a mis le meilleur de sa
pensée et de son âme. Pendant les heures d'amertume
douloureuse que lui avaient préparées ses ennemis et ses
passions, il se reposait dans les régions sereines de la philosophie pure, espérant sans doute que cette œuvre désin-

téressée serait la protection de son nom. Analysons cette
belle épopée métaphysique dans ses parties les plus générales et les plus intéressantes.

Dans sa seconde philosophie, Lamennais n'abandonne
pas complètement les principes de la première. Il continue
à soutenir que le critérium définitif du vrai est la raison
commune, le consentement universel ; seulement il accorde
que c'est à la raison individuelle qu'il appartient de faire
avancer la recherche de la vérité. Il rend plus de justice
à la philosophie qu'il ne le faisait autrefois. Il voit dans
les systèmes de philosophie, non des pensées contradictoires, œuvres de l'anarchie intellectuelle, mais les élémens
d'une synthèse qui se forme par une évolution progressive
vers un tout qui ne sera jamais complet. Il compare cette
évolution de la philosophie, à celle de la nature, qui va
toujours en s'organisant de plus en plus par une synthèse
analogue. Il entrevoit, ou plutôt il décrit à l'avance en
termes assez précis, le principe évolutionniste, tel que le
développera plus tard M. H. Spencer : « La philosophie,
dit Lamennais, s'organise comme l'univers, dans lequel
apparaissent d'abord les êtres les plus simples, qui se combinent ensuite dans des êtres plus complexes, et ainsi de
proche en proche par une évolution sans fin. » Nous
verrons le rôle que joue ce principe d'évolution dans le
reste de l'ouvrage, au point que l'on peut dire du système
de Lamennais que c'est un évolutionnisme anticipé.

Il y a cependant une différence entre la philosophie et la
nature : c'est que la nature ne se trompe pas, tandis que
les philosophes se sont souvent égarés. D'où viennent ces
erreurs de la philosophie ? Ici, Lamennais emprunte sans

le dire, et peut-être sans y penser, l'explication des éclec-
tiques. C'est, dit-il, que chaque philosophe considère les
choses d'une manière incomplète et mutilée, et ne voit
qu'un côté des choses. Les uns ne rêvent qu'idées pures ;
les autres réduisent tout au monde sensible : abstraction
de part et d'autre ; point d'idées pures sans élémens sensibles, pas d'esprit pur sans organisme ; d'un autre côté,
pour ramener tout à la matière, il faudrait supprimer la
pensée. Même exclusivisme dans la méthode et le point de
départ. Partir de Dieu ou de l'univers, c'est le panthéisme ;
partir de l'homme, c'est le scepticisme. Ici, Lamennais
retrouve un instant sa violence d'autrefois pour accabler
ce qu'il appelle le psychologisme : « Cette absurde philosophie, dit-il, se résume en une sorte de panthéisme humain
qui oblige à considérer dans un même sujet les contradictoires. » C'est imputer d'une manière étrange à la philosophie de Dugald Stewart ou de Jouffroy les conclusions de
Hegel.

Pour éviter les contradictions des systèmes exclusifs, il faut
accepter tout d'abord comme postulat un principe compré-
hensif qui contienne déjà les deux élémens du problème, à
savoir le fini et l'infini. C'est de cette antinomie primordiale
qu'il faut partir : car si l'on part de l'infini, on n'en déduira
jamais le fini ; et si on part du fini, on n'en déduira pas
davantage l'infini. Il faut poser en principe, comme donnée,
la coexistence du fini et de l'infini, de Dieu et du monde,
l'impossibilité de prouver l'un par l'autre, et la nécessité
de les admettre l'un et l'autre comme des faits. De plus,
comme le fini et l'infini ont cela de commun d'être des
êtres, il y aura donc un principe qui les contiendra et les

embrassera tous deux : c'est la notion de l'être absolu.

La philosophie étant la science de l'être, et à la fois du fini et de l'infini, est donc en réalité la science du tout. Elle comprend Dieu, l'univers et l'homme. Elle est « un système de conceptions dans lequel les phénomènes liés entre eux viennent pour ainsi dire se classer d'eux-mêmes sous nos yeux ». — « Elle est, dit-il encore, la science des généralités ou de ce qu'il y a de commun dans les diverses branches de la connaissance humaine. » Ainsi, Lamennais, en même temps qu'il pressentait l'évolutionnisme, comprenait aussi, comme le positivisme, que la philosophie doit être la synthèse de toutes les sciences ; seulement il s'élevait au-dessus du positivisme, en rattachant cette synthèse à une métaphysique. Sans doute l'idée de faire de la philosophie la synthèse de toutes les sciences n'était pas une idée nouvelle. C'était bien l'idée antique, l'idée de Descartes, de Leibniz ; celle enfin de la philosophie allemande moderne. Mais en France, cette idée avait été abandonnée d'abord par l'école de Condillac, et ensuite par l'école spiritualiste. Ni Cousin, ni Jouffroy, ni Maine de Biran n'avaient présenté la philosophie comme une synthèse universelle. V. Cousin, le plus synthétique de tous, s'était borné à une ontologie spéculative assez vague, et avait laissé entièrement de côté la nature et l'univers. L'école théologique, dont Lamennais lui-même avait été un des chefs, n'était autre chose qu'une théologie exotérique, et elle n'avait fait aucun effort pour embrasser l'homme et l'univers dans ses formules. Enfin, le nom même de l'école humanitaire et socialiste indique dans quel ordre d'études cette école s'était renfermée. Cet abandon universel du monde objectif, de la nature, explique le succès du positivisme. Il s'empara de ce *bonum vacans*. Le système d'Auguste Comte a donc l'avantage d'être une synthèse ; seulement c'est la synthèse des sciences plutôt que celle de la nature et des choses : c'est une logique supérieure plutôt qu'une cosmologie. De plus, c'est une synthèse sans principe : c'est une résultante, une préface générale des sciences, ou plutôt la réunion de toutes les préfaces. Lamennais, au contraire, a essayé comme la philosophie allemande, de constituer une vraie synthèse philosophique comprenant la philosophie de la nature, la philosophie de l'esprit, la philosophie de l'absolu, cette dernière étant le principe des deux autres.

De cette manière de concevoir la science naît la méthode de l'auteur. Cette méthode est synthétique. Comme la philosophie de saint Thomas, elle va de la cause à l'effet, de Dieu à l'univers et à l'homme ; rien n'était plus opposé à la méthode philosophique moderne. Depuis Locke et Condillac, c'était de l'esprit humain que l'on partait ; et même on s'y renfermait. L'école spiritualiste française avait suivi la même méthode. Cette méthode avait ses avantages, et, au point de vue rigoureusement scientifique, peut-être était-elle préférable. Mais elle avait le défaut de laisser dans l'ombre l'unité des choses. Le besoin de synthèse auquel Lamennais essaie de répondre dans son système avait pour conséquence la méthode objective et déductive. C'est celle qu'indique notre philosophe. Elle consiste « à descendre des idées les plus générales à celles qui le sont moins, à suivre les principes originairement posés dans les différentes séries de conséquences où ils vont se ramifiant, comme les phénomènes dont ils représentent les causes ». Lamennais empruntait cette méthode à ses souvenirs de théologien, la philosophie théologique ou scolastique ayant toujours été une méthode déductive. Mais il la rajeunissait en l'enrichissant et en l'imprégnant de l'esprit moderne. En réalité, il partait d'une hypothèse à laquelle il faisait ensuite subir l'épreuve d'une sorte de confrontation avec tous les phénomènes de la nature.

La première antithèse fondamentale, avons-nous dit, est la synthèse du fini et de l'infini ; et le fini et l'infini ayant une notion commune, celle de l'être, c'est de cette notion commune, c'est de la notion d'être, qu'il faut partir. Cette idée d'être est à la fois la plus claire et la plus obscure de l'esprit humain. « L'être est à la fois ce qu'on voit et ce par quoi l'on voit ; » ce que l'on voit, car tout est être : ce par quoi l'on voit, car, pour percevoir un être, il faut avoir l'idée d'être. Lamennais tranche ainsi d'un coup le grand problème de savoir si toute connaissance commence par des faits ou par des idées ; si le *cogito* de Descartes est un simple fait ou la conséquence implicite d'un principe. Mais en même temps que l'idée d'être est la plus claire de toutes, elle est aussi la plus obscure ; car étant simple, elle ne peut être ramenée à des élémens, et elle ne donne la notion d'aucun être en particulier ; et d'ailleurs, l'être n'ayant aucunes limites, elle ne peut être comprise par aucune raison finie. Elle est le terme et le moyen de la vision ; mais, en tant que substance, elle ne contient rien de distinct en elle-même ; on ne peut la saisir que dans ses propriétés. Si l'être est à la fois le suprême intelligible et le suprême incompréhensible, il s'ensuit que tout ce qui est, est à la fois intelligible et incompréhensible, et que la pleine compréhension est une entreprise impossible et insensée. Il faut donc à la fois chercher à tout connaître sans prétendre à tout comprendre.

Cette conception fondamentale qui consiste à partir de l'idée d'être en général, de l'être absolu, a beaucoup d'analogie avec celle qui sert de point de départ à un illustre philosophe italien, peu connu en France, l'abbé de Rosmini (1). Il est vraisemblable que, dans le cours de son voyage à Rome, Lamennais y a vu Rosmini, comme il vit plus tard Schelling à Munich ; et sans doute il causa philosophie avec l'un comme avec l'autre. L'influence de Schelling est sensible dans sa doctrine et dans son œuvre, comme nous allons bientôt le voir ; celle de Rosmini nous paraît également manifeste dans le choix de son principe.

En passant de l'idée d'être à l'idée de Dieu, nous passons suivant Lamennais, du même au même : car Dieu n'est autre chose que l'être. Donc inutile et impossible de démontrer Dieu. Comment démontrer l'être sans le supposer ? Cette notion ne s'appuie que sur elle-même : « on ne peut la déduire de rien, et quand on croit remonter vers elle, elle est encore le point d'où l'on part ». Mais si on ne peut démontrer Dieu, on ne peut le nier. Car comment nier l'idée d'être ? Il n'y a pas d'athée. Le véritable athée serait celui qui dirait : « Il n'existe rien. » Cependant, il ne faut pas confondre la notion de Dieu et la notion d'être : « Dieu est l'être infini considéré, soit dans ses

---

(1) Nous espérons connaître bientôt avec plus de précision la philosophie de Rosmini. Un professeur de philosophie du collège Stanislas, M. Segond, vient de nous donner le premier volume d'une traduction, dont nous attendons la suite avec impatience.

rapports avec les êtres, soit dans ce que sa propre essence renferme à la fois de nécessaire et de distinct. » C'est là une vue personnelle de Lamennais, analogue à celle qui était également et dans le même temps émise par Schelling dans sa dernière philosophie, et peut-être même y eut-il là quelque chose de commun : car, ainsi que nous venons de le dire, Lamennais a vu Schelling en passant à Munich en 1832, comme nous l'apprenons par une de ses lettres récemment publiées : « Schelling, écrit-il à M. de Vitrolles, a extrêmement modifié ses premiers principes, ou plutôt il les a totalement changés. Il reconnaît maintenant l'impossibilité de philosopher si l'on ne prend la tradition pour base. J'ai eu avec lui plusieurs conversations fort intéressantes pendant mon séjour à Munich. Nous nous sommes trouvés d'accord sur les fondemens de la méthode philosophique. C'est un homme droit, d'une grande perspicacité, et sans contredit le premier génie de l'Allemagne. » (Septembre 1835.) On comprend cet accord momentané de Schelling et de Lamennais. L'un revenait au christianisme : l'autre s'en éloignait. Ils se rencontrèrent en route à moitié chemin. Ce qui est certain, c'est que pour Lamennais comme pour Schelling, Dieu n'est pas la plus haute des idées. Cette idée la plus haute est l'idée de l'être. Dieu, c'est l'être en tant que créateur, en tant que personne. Il est l'être par sa substance ; il est Dieu par ses attributs. L'être n'est pas l'indéterminé ; rien n'existe qui ne soit déterminé. L'être a donc des propriétés, et c'est à ce titre seul que nous pouvons le saisir, c'est à ce titre qu'il devient Dieu pour nous.

Quelles sont ces propriétés distinctes « qui font de Dieu

un véritable Dieu, en tant qu'il est avec elles », selon
l'expression de Platon, qui peut être rappelée ici ? Elles
sont au nombre de trois, et il est impossible de ne pas
reconnaître ici dans la philosophie de Lamennais la trace
de ses croyances théologiques. Son ouvrage est le développement de la doctrine de la Trinité. Fidèle à la méthode déductive, Lamennais essaie de déduire de l'idée de
l'être les trois propriétés fondamentales qui le constituent
et le déterminent. S'il eût mieux connu l'histoire de la
philosophie, il eût su que cette tentative avait été souvent
essayée et qu'elle avait toujours échoué. De l'être, on ne
peut déduire que l'être. *L'être est*, disait Parménide, mais
pas plus. Encore est-ce une question de savoir si de la
notion d'être on peut tirer l'affirmation de l'existence de
fait, de telle sorte que, pour savoir que l'être est ou existe,
il faut encore sortir de l'être. Mais quant à tirer de-là des
propriétés déterminées, c'est ce qui paraît absolument impossible. A la rigueur, on peut dire que la notion d'être
enveloppe celle de puissance : car, pour être, il faut *pou-*
voir être ; encore faut-il savoir d'où vient l'idée de puissance, et la plupart des philosophes modernes sont d'accord pour tirer cette idée de la conscience. Admettons
cependant, si l'on veut, que l'idée d'être soit identique à
celle de puissance, et que si l'une est posée, l'autre le soit
également. Mais pour ce qui est de la seconde propriété,
l'intelligence, il semble absolument impossible de la
déduire *a priori*. Spinoza lui-même, malgré l'intrépidité de
sa logique, a été obligé de prendre pour axiome cette
proposition : *l'homme pense*, pour conclure qu'il y a une
pensée divine. Lamennais croit au contraire pouvoir affir-

mer *a priori* que l'être suppose non-seulement une force,
mais encore une forme ; car l'être indéterminé n'est rien,
et s'il était sans forme, il ne serait pas. Soit encore ; mais
de là à l'affirmation d'une intelligence, il y a encore un
abîme. Lamennais le franchit à l'aide de cette proposition,
que l'être déterminé, c'est-à-dire ayant une forme, est
par là même intelligible ; or on ne peut être intelligible
que pour une intelligence ; et Dieu étant le seul être, il
faut qu'il soit lui-même cette intelligence, autrement il ne
pourrait pas être appelé intelligible. Mais peut-on voir dans
ce raisonnement autre chose qu'une pétition de principe ?
Sans doute, s'il n'y a pas d'intelligence, il n'y a pas d'intelligible. Mais est-il nécessaire que l'être soit intelligible,
si par hypothèse il n'y a pas d'intelligence ? Il serait forme
et voilà tout. Même faute de raisonnement pour la troisième propriété ; il faut, dit Lamennais, un principe
d'union pour lier entre elles les deux premières propriétés.
Soit encore ; admettons cela *a priori*. Mais qui vous a
appris que ce principe d'union est l'amour, et que savez-
vous de l'amour, si ce n'est par la conscience qui découvre en nous-mêmes cette faculté ?

Lamennais, après avoir posé sur ces trois propriétés, et
être parti de l'un-triple, fait un pas important en transfor-
mant cette triade en trinité. C'est ici que se fait sentir
l'influence théologique et chrétienne, et il est permis de
penser que la première partie de son ouvrage appartient
encore à la période de sa vie croyante et catholique.
Cette triplicité devient une trinité, par cette affirmation que
les trois attributs de l'être ne sont pas seulement des
propriétés ou des attributs ; ce sont des personnes : « car,

dit-il, ces propriétés, étant individuellement distinctes, sont des personnes. » Mais cette raison est-elle suffisante ? les trois attributs ne sont-ils pas distincts en l'homme aussi bien qu'en Dieu, et peut-on dire cependant que nos trois facultés sont trois personnes ? D'un autre côté, y a-t-il quelque raison de croire que ces attributs sont en Dieu plus distincts qu'en nous-mêmes ? et, au contraire tous les théologiens ne sont-ils pas d'accord pour déclarer avec Aristote que Dieu est acte pur, et que, par conséquent, la distinction des attributs est en lui logique et non pas réelle. Qu'est-ce que nous appelons une personne ? C'est un *moi* doué de conscience et de liberté. Or, chaque personne divine, chaque attribut divin a-t-il son *moi*, sa conscience propre ? Qu'on le soutienne théologiquement, on le comprend : c'est un mystère. Mais transformer en trois *moi* les troits attributs abstraits de la force, de la forme et de l'union de ces deux termes, n'est-ce pas confondre la philosophie et la théologie ? Lamennais ne craint pas cette confusion ; au contraire, il la recherche ; il aime à employer le langage théologique. La Puissance, c'est le Père ; l'Intelligence, c'est le Fils ; l'Amour, c'est l'Esprit. Le père engendre et n'est pas engendré ; le fils est conçu et engendré. L'esprit procède de l'un et de l'autre. Tel est du moins le langage employé dans le premier volume de l'*Esquisse*, qui est de 1840 ; mais le quatrième, qui est de 1846, contient en conclusion une note rectificative qui ramène la doctrine de la trinité à une signification exclusivement philosophique, et qui en fait disparaître tout ce qui rappelait le mystère chrétien. « Dieu est un, disait-il alors ; Dieu est personnel et intelligent. La personnalité étant le mode essentiel de Dieu, tout ce que Dieu renferme de distinct et de divers subsiste nécessairement sous ce même mode, en d'autres termes, la personnalité une de l'être un se spécifie dans chacune de ses propriétés... Le mot de *personne* appliqué au Père, au Fils, à l'Esprit, exprime seulement que chacune des propriétés participe à sa personnalité. » On devine le changement radical indiqué par ces explications. Autre chose est un Dieu qui est *une* personne et un Dieu qui est *trois* personnes. C'est dans la triple personnalité qu'est le mystère. Lamennais l'acceptait encore au début de son livre ; il l'abandonne à la fin : « Telle est, dit-il, exactement notre pensée sur cette partie de la science de Dieu. »

Un autre point important, mais assez obscur, de la science de Dieu dans la théorie de Lamennais, c'est qu'il y a, suivant lui, en Dieu, outre l'unité de l'être, « un principe de distinction » qui fait que les trois propriétés sont distinctes les unes des autres. C'était revenir à l'une des idées fondamentales de la philosophie de Platon, à savoir que tout être, et aussi bien Dieu que les autres êtres, se compose de deux principes : le *même* et l'*autre* (τὸ αὐτό, τὸ ἕτερον). Ce principe d'*altérité*, en vertu duquel une chose est autre qu'une autre, est également désigné, dans le *Sophiste*, sous le nom de *non-être* (τὸ μὴ ὄν). Platon soutient, contre l'école de Parménide, que le non-être existe même en Dieu et dans les idées divines : car chacune n'est ce qu'elle est qu'à la condition de ne pas être ce que sont les autres. Sans ce principe de distinction, on s'abîme dans l'unité absolue, dans l'indiscernable. Si nous ne connaissions qu'une seule lumière, nous ne ver-

rions rien ; si nous ne percevions qu'un seul son, nous
n'entendrions rien. De même, si l'être n'était qu'être, sans
aucune distinction, il serait absolument pour nous comme
s'il n'était pas.

Mais entrons dans une nouvelle phase de recherches, et
de la théorie de Dieu passons à la théorie de la création.
Lamennais suppose, sans l'examiner et la démontrer, la
théorie platonicienne des idées, des *exemplaires* divins. Il
croit que par cela même que l'on a prouvé que Dieu est
intelligent, on a prouvé qu'il possède en lui toutes les
idées des choses, c'est-à-dire que le monde existe d'avance
dans son intelligence sous forme idéale. Cela posé, Lamennais dit qu'il y a trois théories sur l'origine du monde ; et
il les repousse toutes les trois : 1° le panthéisme ; 2° le
dualisme ; 3° la création *ex nihilo*.

Le panthéisme consiste, suivant Lamennais, à confondre
le monde réel avec le monde idéal qui réside dans l'intelligence de Dieu. Le monde, dans ce système, n'est qu'un
spectacle que Dieu se donne à lui-même ; « Système monstrueux, dit l'auteur, destructif de toute croyance et de
tout devoir. » C'est là une exécution un peu sommaire du
panthéisme. Le dualisme n'est pas plus satisfaisant. En
admettant une matière coéternelle à Dieu, il détruit l'idée
même de Dieu, car il en retranche la toute-puissance et
l'unité ; et il transporte au monde une partie des attributs
divins, à savoir l'immensité et l'infinité. Enfin, le créatio-
nisme, ou doctrine de la création *ex nihilo*, admet la création des substances ; mais c'est dire que l'on peut ajouter
de l'être à l'être de Dieu. Lamennais ajoute que le créa-
tionisme conduit au panthéisme, mais son argumentation

sur ce point est obscure, et serait facilement rétorquée
contre sa propre hypothèse.

Il n'est pas facile de trouver une solution nouvelle en
dehors des trois hypothèses précédentes. Lamennais l'a
cependant essayé. La solution qu'il propose est celle-ci :
c'est que Dieu crée le monde de sa propre substance. Il
prend en quelque sorte le trop-plein de son être pour en
faire la substance des êtres finis; ainsi la substance incréée
devient la substance créée, et les êtres finis existent de
deux manières : d'une manière idéale dans l'entendement
de Dieu ; d'une manière actuelle et réelle en dehors de
Dieu. C'est ainsi, dit Lamennais, qu'il faut comprendre ces
vieilles traditions orientales, suivant lesquelles la création a
eté un anéantissement et un sacrifice de la divinité. Cette
doctrine de Lamennais, peu connue ou oubliée, a été
reprise de nos jours par M. Ravaisson dans son *Rapport sur
la philosophie du XIX⁰ siècle*. On peut se demander en quoi
cette doctrine se distingue du panthéisme, que Lamennais
a appelé un système monstrueux. On a généralement considéré l'unité de substance comme le trait essentiel et
caractéristique du panthéisme. Ém. Saisset, dans son
travail sur le panthéisme, le caractérisait justement en ces
termes : « la consubstantialité du fini et de l'infini. » Or,
dans le système de Lamennais, il n'est pas douteux que
Dieu et le monde sont consubstantiels. Il nie cependant
qu'il soit panthéiste pour cela : car il admet que les êtres
finis, quoique composés de la substance divine, ont cependant une existence actuelle distincte de la substance idéale
qu'ils ont en Dieu; et cependant Dieu lui-même n'est diminué
en rien dans son être et en produisant d'autres en dehors de

lui. On reconnaît dans ces idées de vieilles traditions gnos-
tiques et alexandrines, et peut-être aussi quelque souvenir
des entretiens de Schelling à Munich.

Une autre théorie originale de Lamennais, après celle de
la création, c'est la théorie de la matière, dans laquelle se
retrouve encore quelque vestige de la philosophie antique,
soit platonicienne, soit néo-platonicienne. Suivant Lamennais, la matière n'existe pas à titre d'être distinct, de
substance, et elle est cependant quelque chose de réel ;
c'est à la fois une négation et une réalité. La matière, c'est
la *limite :* c'est le principe de distinction que nous avons
reconnu en Dieu, en tant que ce principe se réalise en
dehors de Dieu. Tout être fini, par cela seul qu'il est fini,
est matériel. Il n'y a pas d'esprit pur, parce qu'il n'y a pas
en dehors de Dieu, d'esprit infini. Il faut distinguer la
matière et les corps. Dans les corps, tout ce qui est réel,
positif, est substance, participe à l'être de Dieu, et par là
est esprit. Car l'être est esprit et n'est qu'esprit; mais ce
réel du corps étant limité, soit dans l'espace, soit dans le
temps, soit dans la puissance, et en général dans toutes
ses propriétés, ce réel, dis-je, considéré dans sa limite, est
matériel. En ce sens, Lamennais ne craint pas de dire que
les âmes sont matérielles. Leibniz l'affirmerait aussi dans
le même sens, car il disait que, lors même que Dieu n'eût
créé que des anges et de bons anges, il y aurait eu du mal
dans le monde, parce que la distinction et la limitation des
créatures les eussent assujetties à la matière, et par conséquent au mal; et lorsque Leibniz affirme aussi qu'il y a
en Dieu une matière idéale, et que c'est là qu'est la source
originale du mal, il l'entend encore de la même manière.

En résumé, l'univers se ramène à deux principes : la substance et la limite, Dieu et la matière. Lamennais fait remarquer que c'est le fond des cosmogonies antiques, qui reconnaissaient deux élémens : le principe actif et le principe passif, mâle et femelle. L'univers est un tout qui procède de ce mélange. Qu'est-ce maintenant que l'univers par rapport à Dieu ? C'est la manifestation progressive de Dieu, la réalisation extérieure de tout ce qui est dans son intelligence. Sans entrer encore dans le problème du mal, qu'il abordera plus tard, il se place tout d'abord entre les optimistes et les anti-optimistes (1). Les premiers disaient que Dieu ne peut créer que le plus parfait ; les seconds, que, en dehors de Dieu, il n'y a pas un parfait absolu. Les premiers imposent à Dieu le choix dicté par la sagesse ; les seconds n'admettent aucune limite à la liberté, même la limite du bien. Suivant Lamennais, cette discussion n'a pas d'objet. Il n'y a pas plusieurs mondes possibles ; il n'y en a qu'un, celui qui est, lequel est la réalisation progressive de tout ce qui est en Dieu. Il n'est pas actuellement le plus parfait, puisqu'il se perfectionne sans cesse ; il tend à la perfection sans jamais y atteindre. Le jour où il l'atteindrait, il cesserait d'être monde et deviendrait Dieu. « L'univers n'est et ne peut être qu'une manifestation de Dieu ; et voilà pourquoi l'antiquité se le représentait comme un temple dans lequel, avant l'introduction du mal, tout être est un rayon de sa gloire, toute voix un hymne à sa louange. *Cœli enarrant gloriam Dei.* Il est comme une

_____

(1) Il ne s'agit pas des pessimistes, dont on ne parlait pas alors, mais des théologiens (tels que Fénelon et Bossuet) qui repoussaient l'optimisme, comme contraire à la liberté divine.

7.

grande et éternelle incarnation du Dieu créateur... Il a
mis dans chaque être quelque chose de tout ce qu'il est, et
les plus parfaits portent en eux la visible empreinte de
cette parenté divine : *Ipsius et genus sumus ;* sortie de lui,
la création aspire à retourner vers lui... Elle se dilate au
sein de son immensité par un progrès sans fin... Il l'attire
à lui en s'épandant sur elle ; il la pénètre, il la féconde, il
se prodigue à elle pour accomplir une union toujours plus
intime et qui ne sera jamais consommée. Autant qu'il est
donné à notre intelligence d'embrasser l'œuvre du Très-
Haut, voilà l'univers ; et la grandeur de la pensée est d'en-
trevoir ces merveilles qui fatiguent et désespèrent la parole,
impuissante à les exprimer (1). »

L'univers étant la manifestation de Dieu, on doit y retrouver les trois propriétés divines, les trois *primordialités*,
comme disait Campanella, savoir : une force qui le maintienne ; des formes qui en distinguent les parties avec un
ordre qui les tient en équilibre ; enfin, un principe d'union
qui les associe et les enchaîne, le tout lié à une substance
qui est le fond de leur être, et une limite qui les termine
en les circonscrivant.

Quelle idée maintenant devons-nous nous faire de la vie
de l'univers ? Cette idée est celle du développement, ou,
comme nous dirions aujourd'hui, et Lamennais emploie
souvent lui-même cette expression, « de l'évolution ». L'u-
nivers a dû commencer par l'état le plus simple. Toutes
les traditions rappellent l'idée d'un chaos primitif, d'un
œuf divin. La science à son tour, par la théorie des nébu-

(1) *Esquisse*, t. I, liv. III, ch. I.

leuses (1), semble bien nous faire entendre que l'univers a commencé par un état de dispersion absolue. *A priori* d'ailleurs, les propriétés divines ont dû se manifester dans leur ordre logique. La première des trois est la puissance ou la force ; car avant d'avoir telle ou telle forme, il faut être, et pour cela il faut une puissance. L'univers, en conséquence, a commencé par être une masse fluide, où les propriétés fondamentales ne se manifestaient que par les phénomènes les plus généraux, à savoir : le mouvement, la lumière et la chaleur. La force, dans son état absolu, donne l'immensité divine ; mais, jointe à la limite, elle donne l'étendue. Il n'y a que deux notions positives et concrètes : l'immensité et l'étendue. L'espace géométrique est une abstraction. Lamennais essaie, à la manière allemande, de construire *a priori* les trois dimensions. D'abord la force rayonne en tous sens : c'est la ligne droite, la longueur ; puis ce rayonnement est circonscrit par une forme qui donne la surface ; de la surface et de la ligne naît le solide. Ainsi se manifeste la force dans l'univers. Comment se manifeste l'intelligence ou la forme ? C'est par les trois degrés ou espèces d'êtres qui seront plus tard mieux définis et qui sont : les êtres inorganiques, les êtres organisés ou vivans, et enfin les êtres intelligens. Dans la première classe, la forme est à l'état irrégulier ou diffus ; dans la seconde, elle est déterminée ; dans la troisième, elle est concentrée. Enfin le principe de l'amour se manifeste également dans ces trois espèces d'êtres par une unité de

(1) Cet exemple des nébuleuses, qu'Herbert Spencer emploie si souvent au point que sa théorie a pris le nom en Angleterre d'hypothèse *nébulaire*, est aussi l'exemple dont se sert le plus souvent Lamennais.

plus en plus intime : 1° par la simple juxtaposition dans
l'espace ; 2° par l'unité individuelle ; 3° par l'unité intellectuelle et sociale.

Si l'on revient sur cet ordre graduel et ascendant des
êtres pour les étudier plus en détail, on trouve d'abord les
êtres inorganiques. Ils sont dits inorganiques parce qu'ils
sont destitués de cette sorte d'organisation qui accompagne
la vie et l'individualité ; mais, ayant une forme, ils ne
peuvent être complètement dépouillés de toute organisation. Ils ont leurs formes diverses, qui sont contenues en
puissance dans la forme primitive, laquelle, avons-nous dit,
est celle d'une masse fluide résultant de la combinaison
des trois fluides primitifs (électrique, calorique et lumineux) ; or, en tant que ces formes sont contenues dans
cette matière universelle, elles peuvent être appelées des
germes. Que ces germes s'assimilent dans des proportions
différentes les élémens primitifs du fluide universel, et ces
fluides passent alors de l'état libre à l'état latent, c'est-à-
dire que de fluides ils deviennent des corps. A mesure que
la forme se développe, on voit ainsi apparaître graduellement, par des combinaisons de plus en plus complexes,
l'innombrable variété des êtres inorganiques. La force
partout répandue les réalise individuellement par une évolution régulière de la forme générale, « de même que cette
autre force appelée attention réalise individuellement les
idées particulières contenues dans la forme générale d'une
idée ». Chaque germe a une puissance d'affinité qui attire
à lui les élémens extérieurs qu'il s'assimile, et par là montre
quelque analogie avec la vie ; mais il ne se les assimile
qu'extérieurement et par juxtaposition, de telle sorte que

leur existence ne constitue pas une individualité véritable. On remarquera que cette assimilation ne peut avoir lieu sans emprunter à d'autres combinaisons les éléments qui les composent, de telle sorte que, dans le premier état des corps, la production implique la destruction, et que ces deux formes de mouvemens sont essentiellement liées l'une à l'autre. Tel étant le mode général de développement des êtres inorganiques, ces êtres se distinguent par trois qualités primordiales, qui sont : l'impénétrabilité, la pesanteur et la figure ; la première, expression de la force arrêtée par la limite ; la seconde, expression du principe d'union, et la troisième, expression de la forme.

En passant des êtres inorganiques aux êtres organisés, Lamennais invoque un principe qui était déjà dans Aristote et qu'il a retrouvé, soit par lui-même, soit par ses souvenirs de philosophie thomiste : c'est que, tout en s'élevant à un plus haut degré de perfection, les êtres ne se détachent pas de la série inférieure, et qu'ils conservent les formes précédentes enveloppées dans les formes supérieures, ultérieurement acquises. Ainsi, les êtres vivans, par leur matière, par leur rapport à l'étendue, continuent à subir les lois des êtres inorganiques, et sont soumis comme eux aux trois qualités précédentes : impénétrabilité, pesanteur et figure. Mais ils s'en distinguent par un caractère tout à fait nouveau : l'individualité. Dans les êtres inorganiques, ce qui domine, c'est la limite : la forme s'y présente d'une manière indéfinie, c'est-à-dire sous forme d'accroissement extérieur. Dans les êtres organisés apparaît l'unité vitale. La forme n'y est plus extérieure, mais intérieure ; l'être croît non plus par juxtaposition, mais par intussusception.

Enfin le mode de production est différent ; et sans s'enga-
ger dans la question des générations spontanées, il faut
admettre que la forme préexiste ; et, à ce titre, c'est un
véritable germe. A la vérité, Lamennais a employé déjà le
même terme pour expliquer la formation des minéraux ;
mais il ne s'agissait là que de formes spécifiques ; ici il
s'agit de formes individuelles.

Entre les végétaux et les animaux, Lamennais n'admet
pas de différences fondamentales. Il y a un passage insen-
sible d'un règne à l'autre : ce n'est qu'un plus ou moins
grand développement, d'un règne à l'autre, de l'intelligence
et de l'amour. En revanche, selon Lamennais, il y a une
barrière infranchissable entre l'animal et l'être intelligent,
bien qu'il y ait une liaison intime entre ces deux classes
d'êtres. Les qualités des êtres organisés, comme celles des
êtres inorganiques, sont au nombre de trois : spontanéité,
manifestation de la forme ; vie, manifestation du principe
d'union.

Quant aux êtres intelligens supérieurs à l'animal, nous
n'en connaissons qu'un, qui est l'homme ; mais il n'est guère
vraisemblable qu'il n'y en ait pas d'autres, que cette nouvelle série qui commence avec l'homme ne comprenne
qu'une seule espèce d'êtres, tandis que les séries antérieures
en ont des millions et des milliards. Mais nous ne savons
rien de ces êtres supérieurs, et nous ne pouvons en parler
que d'après l'homme. Inutile d'insister sur les caractères
généraux des êtres intelligens, puisque l'homme doit être
l'objet d'une étude séparée et complète. Disons seulement
que l'homme se distingue de l'animal, comme la personnalité se distingue de l'individualité. L'animal est un indi-

vidu : ce n'est pas une personne. Le caractère de la personnalité, c'est la raison. La raison est la connaissance du *vrai*.
Elle se distingue de la perception, qui existe aussi chez
l'animal, et qui a pour objet le *réel*. Le second caractère
de la personnalité, c'est la volonté libre. La personnalité a
sa base dans l'individualité, mais elle s'en distingue. L'une a
l'unité organique ; l'autre l'unité intellectuelle et morale. De
la raison naît la conscience ou l'apparition du *Moi*. Dans
l'animal, il y a conscience ; il n'y a pas de moi. Comme les
autres ordres d'êtres, les êtres intelligens ont trois qualités
fondamentales : la liberté, qui est le développement le plus
élevé de la force ; la parole, développement de l'intelligence
et de la forme, et la sociabilité, manifestation de l'amour.

Malgré la diversité des êtres qui le composent, l'univers,
en un sens, est un être unique, un organisme dans lequel
les natures s'enchaînent harmonieusement. Si l'univers, en
effet, était tout entier réalisé, il ne serait, comme l'intelligence divine elle-même, qu'un seul être : il serait Dieu.
De là l'erreur qui tend à confondre Dieu et la nature. On
confond la nature idéale telle qu'elle est dans l'intelligence
divine avec la nature réelle qui est hors de Dieu ; mais c'est
par la limite qu'elles se distinguent. De là vient que la
nature n'est pas une d'une unité absolue ; mais elle n'en a
pas moins une unité relative, et le progrès de l'univers
consiste précisément dans le développement de cette unité.
L'unité de l'univers consiste : 1° dans l'unité de substance
et dans les lois de communication qui unissent les différens êtres entre eux ; 2° dans la tendance de la création qui
s'avance progressivement vers un but unique, lequel est
Dieu. Plus particulièrement l'unité se manifeste, dans

l'ordre inorganique, par l'attraction ; dans l'ordre organique,
par la génération ; et dans l'ordre intellectuel et moral, par
la société. Cette unité a ses degrés. Dans l'univers en général, le monde marche de centre en centre. Tous les corps
tendent au centre de la terre. La terre et les autres planètes
tournent autour d'un centre, le soleil, qui lui-même paraît
marcher vers un centre inconnu. Dans l'ordre de la vie, les
degrés de l'unité consistent dans l'enchaînement des formes,
chaque être supérieur comprenant en lui les formes infé-
rieures, et l'homme, comme un microcosme, les envelop-
pant tous en lui-même. Enfin, dans la société, les degrés
de l'unité sont marqués par l'enveloppement des différents
groupes les uns dans les autres : la famille, les cités, la
race, le genre humain.

Telles sont les idées générales qui résument la cosmologie de Lamennais ; mais il revient encore ailleurs et plus
amplement sur ces questions : c'est le quatrième volume de
l'*Esquisse*, intitulé *la Science*, où il reprend, au point de
vue de la science, les idées qu'il a exposées d'abord au
point de vue philosophique. Il est à propos de rapprocher
ce quatrième volume du premier, car il en est le développement naturel et conséquent.

II

Le quatrième volume de l'*Esquisse* est remarquable en
lui-même, quoique aujourd'hui il ait perdu une grande
partie de son intérêt. C'est en effet une philosophie de la
nature, et l'on sait quelles sont d'ordinaire les lacunes de
ces sortes de constructions. Ces lacunes sont de deux

espèces : les premières sont celles qui viennent du temps
et des lacunes de la science elle-même. Toutes les philosophies de la nature se font avec les données de la science
contemporaine. Cette science change ; et la philosophie
bâtie sur ces données évanouies devient inintelligible. C'est
ainsi que la philosophie de la nature de Schelling, après
un succès éclatant, est tombée de nos jours, même en
Allemagne, dans un profond discrédit. Mais, de plus, aux
lacunes de la science en elle-même, il faut ajouter les
lacunes de la science du philosophe, qui ne sait jamais
qu'une très petite partie de la science de son temps, et qui
bâtit son système sur des données incomplètes. L'ouvrage
de Lamennais présente ces deux espèces de défauts : une
science surannée et une connaissance incomplète de cette
science même. On devine combien une synthèse, dans ces
conditions, doit laisser à désirer. Néanmoins, si l'on songe
au milieu dans lequel Lamennais avait passé la moitié de
sa vie, à l'esprit exclusivement théologique ou politique
qui l'anime depuis l'*Essai sur l'indifférence* jusqu'aux
Paroles d'un croyant, si l'on songe qu'il avait atteint sa
cinquantième année lorsqu'il entra dans ces nouvelles
études, on doit avoir du respect pour le grand effort qu'il
a dû faire afin de s'assimiler des connaissances entièrement
nouvelles, et cela dans presque tous les ordres de sciences,
et pour embrasser dans une vaste synthèse tous les élémens
de l'univers. C'est en définitive la seule tentative de ce
genre que nous présente la philosophie de notre siècle, et,
malgré des lacunes et des conceptions surannées et évidemment erronées, elle nous offre encore nombre de
pensées originales et profondes.

Deux idées, avons-nous dit, dominent la philosophie de la nature de Lamennais : l'idée d'évolution et l'idée trinitaire.

L'idée évolutionniste est si bien l'idée fondamentale de l'*Esquisse*, que Lamennais s'en sert comme de préambule et comme de programme au début de son quatrième volume, qui a pour objet la science. Ainsi le chapitre II est intitulé : *Évolution de l'univers et ses rapports avec l'évolution de la science*. Maintenant, de quelle évolution s'agit-il ? Est-ce d'une évolution purement matérielle, comme celle des Anglais ? Lamennais, au contraire, essaie de démontrer que la matière en elle-même ne contient aucun principe d'évolution. Suivant lui, la science du fini ou de la matière est absolument vide et aveugle sans la science de l'infini ; la science de l'univers appelle la science de Dieu.

Pour expliquer l'univers, il faut un double principe ; un principe d'unité et un principe de diversité. Or la matière ne contient ni l'un ni l'autre. La matière n'est autre chose qu'un *je ne sais quoi*, fonds premier et inexprimable de toutes choses, et, qui lorsqu'on veut la réduire à quelque notion claire, se ramène à l'étendue pure. Or, l'étendue étant indéfiniment divisible, l'unité répugne à son essence. On doit la considérer comme une multitude indéfinie. Dans sa vraie idée, la matière n'est donc rien de réel ; c'est une négation. Le réel dans les corps n'est pas la matière, c'est la substance. La matière séparée de l'être se réduit donc à la multitude ; et, par conséquent, son concept répugne à l'unité. Elle ne donne pas plus d'ailleurs la variété. En effet, elle est en elle-même essentiellement homogène ; et l'étendue, qui en est la première et plus claire expression,

est elle-même entièrement homogène, et ne peut par conséquent produire qu'un seul effet toujours le même. Étant
donnée une somme de molécules similaires, toutes doivent
agir de la même manière ; et pour que les diversités primi-
tives pussent se produire, il faudrait que l'essence une et
nécessaire agît sur elle-même pour se modifier ; mais « une
essence qui, sans cesser d'être, cesse d'être elle-même, une
essence créatrice d'autres essences exclusives d'elle-même,
c'est un amas de contradictions ».

On essaie d'expliquer la diversité dans la matière par le
mouvement. Mais le mouvement n'est qu'un déplacement,
une translation : ce n'est pas un principe ; il ne peut produire que des arrangemens différens : c'est aussi ce qu'on
accorde ; mais cela suffit-il ? D'abord, comment une cause
homogène déterminerait-elle des mouvemens indéfiniment
divers ? Puis, comment des arrangemens géométriques pro-
duiraient-ils des propriétés effectives ? Comment une simple
modalité serait-elle une cause ? Comment surtout l'organisation, la spontanéité vivante, la pensée enfin, seraient-elles
le produit d'une figure de géométrie ? D'ailleurs l'isomérie,
en chimie, nous montre des arrangemens identiques coïnci-
dant avec des propriétés différentes.

Suivant Lamennais, la notion de l'unité dans la variété
et de la variété dans l'unité ne peut être tirée que de l'esprit. C'est la conscience du moi qui nous donne le sentiment permanent de l'unité multiple et de la multiplicité
une. C'est là une vue à remarquer chez notre auteur, car
elle y est rare. Presque jamais il ne fait appel au témoignage de la conscience. Ses vieilles antipathies contre
Descartes et contre le psychologisme moderne le portent

toujours de préférence vers la philosophie objective plutôt que vers la philosophie du moi. Il est cependant obligé d'y arriver et en définitive de reconnaître que la notion de l'un et de plusieurs, qui est le fond de toute philosophie, vient de la conscience et s'ensuit que le principe de sa doctrine, à savoir la substance et ses propriétés, n'a pas été découvert *a priori* par une intuition absolue, mais par une application à l'absolu de ce qui est donné dans le moi.

Se refusant à admettre la conception fondamentale de Descartes, que tout ce qui passe dans les corps s'explique par la matière et le mouvement, Lamennais se trouve ramené, sans le savoir, à la doctrine aristotélique et scolastique des formes substantielles : « Nul être ne diffère d'un autre être que par la détermination, la forme, la nature qui le constitue proprement ce qu'il est. Toute nature, toute forme, toute détermination est absolue en soi ; elle est ou elle n'est pas ; elle ne peut devenir une autre nature, une autre forme ; car elle serait à la fois dans son unité deux choses dissemblables, deux choses qui s'excluent. » Il essaie d'éclaircir son idée par l'exemple des combinaisons en chimie : « La combinaison n'est pas, comme le mélange, un pur rapprochement dans l'espace des molécules étendues des corps ; elle affecte les essences, et dès lors ne peut être conçue que comme l'absorption de certaines formes par une autre forme dont l'unité complexe les implique comme ses élémens nécessaires ; pareille en cela, dans la mesure de sa limitation, à la forme infinie dont l'unité implique toutes les formes finies. » Il emploie également, pour faire comprendre l'enchaînement et l'emboîtement des formes, l'exemple de la géométrie : « Comme les figures géométriques se combinent de telle sorte que les figures plus simples deviennent élémens de figures plus complexes, où, sans être changées, altérées dans leur essence, elles subsistent absorbées par elles et ramenées à leur unité ; ainsi les formes plus simples deviennent les élémens de formes plus complexes, où elles subsistent absorbées par elles et ramenées à leur unité. » Il en est de même des êtres organisés, avec cette différence que « leur unité d'un ordre plus élevé implique dans sa complexité la coexistence de parties dissemblables dépendantes l'une de l'autre, intimement liées l'une à l'autre, ayant chacune ses propriétés, parce que chacune a dans l'être ses fonctions nécessaires, qu'il ne subsiste que par le concours et l'harmonie de ces fonctions diverses, comme ces parties ne subsistent elles-mêmes que par leur mutuel enchaînement dans la forme supérieure qui les ordonne et les dirige ».

Cette théorie des formes essentielles et substantielles a contre elle la théorie des milieux, d'après laquelle, selon Lamarck et plusieurs naturalistes, les formes ne seraient que les résultats des actions extérieures et de milieux environnans. Lamennais combat très fortement la théorie des milieux (1) ; et aujourd'hui même cette critique peut être encore opposée avec avantage aux défenseurs exagérés de cette théorie : 1° Les milieux ne peuvent être cause de la variété ; car ils la supposent : si le milieu, en effet, est cause de la diversité, d'où vient la diversité des milieux ?

---

(1) On peut comparer cette discussion à celle d'Aug. Comte, très opposé également à la théorie des milieux. (*Cours de philosophie positive*, 42e leçon.)

2° Cette théorie confond le mode de production avec la cause productrice. De ce qu'un être ne peut naître que dans l'eau, il ne s'ensuit pas qu'il soit produit par l'eau. 3° Il ne devrait y avoir qu'un seul et même type dans chaque milieu; or dans des milieux identiques, par exemple dans la mer, il y a des myriades de formes différentes. 4° Ce type serait alors quelque chose de passif, tandis qu'il est actif, puisque le germe ne produit qu'un être de la même espèce. 5° L'idée d'un type unique indéfiniment modifiable est la négation de toute espèce de type : ce serait la forme infinie prise en soi; mais c'est précisément le contraire du système, suivant lequel, au contraire, rien n'est déterminé, et tout est sans forme. 6° Sans doute le milieu agit, comme le prouvent les monstruosités; mais il ne se crée pas d'espèces nouvelles. Un monstre est toujours renfermé dans les limites de sa classe. 7° Si l'on n'admet pas l'hypothèse de la diversité essentielle des types, le monde matériel ne serait que la reproduction à jamais identique de molécules similaires. Il en est de même de l'animalité.

Lamennais conclut cette solide discussion par l'appréciation des doctrines de Geoffroy Saint-Hilaire : « Préoccupé de l'unité, dit-il, et comme absorbé dans cette grande et magnifique vue des choses, il a trop oublié que la variété n'est pas moins réelle, qu'elle est enveloppée dans l'unité même, qui sans cela, n'étant que l'identité absolue, éternelle, exclurait, hors d'un premier fait nécessaire, absolu, correspondant à la notion indéterminée de l'être rigoureusement simple, toute cause, tout effet, toute pensée et tout phénomène. » Lamennais a décrit l'idée de l'unité de composition comme une notion abstraite, « image idéale de l'unité du règne conçue isolément en soi », mais non pas comme expression réelle des faits zoologiques. L'hypothèse d'un seul type animal conduit à une hypothèse plus générale, « selon laquelle l'univers ne serait plus qu'un seul être dont la série des êtres divers marquerait les degrés successifs de développement ». Mais de ce principe absolument simple, pris à l'origine, comment faire sortir la diversité des êtres ? car ce que l'on appelle « l'action des agens extérieurs » n'est autre chose qu'un paralogisme : n'est-ce pas alléguer la variété pour « expliquer la variété »? En conséquence, Lamennais se rattache à l'hypothèse de Cuvier et d'Agassiz, suivant laquelle l'unité de composition n'est que l'expression de l'unité abstraite qui domine le règne animal. Tout ce qu'il y a de vrai dans cette théorie, disait Cuvier, « c'est que tous les animaux sont des animaux». On voit comment Lamennais entend l'idée d'évolution. D'une part, ce n'est pas une simple évolution matérielle; d'autre part ce n'est pas le sacrifice absolu de la diversité à l'unité. Le monde se développe suivant un plan ; l'unité règne dans l'univers, mais elle se concilie avec la diversité des êtres.

Le second principe de la cosmologie lamennaisienne est le principe trinitaire. Après avoir établi *a priori* qu'il y a trois principes métaphysiques, il conclut qu'il doit y avoir dans la nature trois agens physiques représentant ces principes. Or la science nous apprend l'existence de trois fluides fondamentaux : le fluide lumineux, le fluide calorique et le fluide électrique, le galvanique et le magnétique se ramenant au fluide électrique. Ces trois fluides ne sont pas trois substances : ce sont les trois propriétés de la substance.

Cette substance en soi à son plus bas degré est l'éther.
Les trois fluides sont les propriétés de l'éther. Ce ne
sont pas non plus les modes de la substance. Ils sont
moins que substance et plus que modes, de même
que les trois propriétés primordiales ne sont pas trois
substances, mais ne sont pas non plus de simples modes de
la substance divine. Lamennais admet donc l'irréductibilité
des trois fluides primitifs. On voit qu'il est en opposition
avec les idées qui ont prévalu depuis et qui tendent à considérer les trois agens comme trois modes du mouvement
ne se distinguant que par la diversité des sensations qu'ils
produisent. « Ce qui fait croire à leur unité, dit-il, c'est
leur inséparabilité ; mais leur différence est essentielle et
non pas accidentelle. »

Maintenant, étant donné qu'il y a d'un côté trois propriétés de l'être, la force, la forme et l'union des deux, et
de l'autre côté trois agens physiques, la lumière, la chaleur
et l'électricité, qui nous assure que trois agens correspondent aux trois principes ? Lamennais reconnaît que l'on ne
peut le démontrer. Mais la théorie donnant d'un côté trois
principes, et l'expérience donnant de l'autre trois agens,
n'y a-t-il pas là une correspondance remarquable ? Si ce
ne sont pas ces trois là, où seraient-ils ? Et ces agens eux-
mêmes, au nombre de trois, à quoi répondraient-ils, si ce
n'est aux trois principes ? L'identité est donc vraisemblable
et n'est pas contredite par les faits. Cependant Lamennais,
quoi qu'il en dise, est obligé de faire une assez grande
violence aux faits pour identifier les agens et les principes.

Il lui faut d'abord un principe de force. Lequel choisira-
t-il ? e ourrait être tout aussi bien la chaleur que l'électricité,

car l'une comme l'autre manifeste une force motrice. Il choisit l'électricité, par la raison que cet agent ne se manifeste à nous que par le mouvement : c'est donc l'électricité qui sera le principe de la force. Il en résulte évidemment que tous les mouvemens à l'origine ont dû être produits par l'électricité. Mais on ne voit rien de semblable. Toute la mécanique en général, et la mécanique céleste en particulier, n'a nul besoin de l'électricité. On ne voit donc pas comment le principe de la force résiderait exclusivement dans l'électricité.

Si nous passons à la lumière, on comprend aisément qu'on en fasse le principe de la forme : car elle est ce qui rend les formes visibles, les révèle et les fait apparaître. Mais Lamennais va plus loin ; la lumière n'est pas seulement pour lui ce qui rend la forme visible, la révélatrice des formes, elle en est encore le principe constitutif et générateur ; elle est la *semence des formes*. Mais comment la lumière serait-elle le principe de la forme tangible ? Comment serait-elle le principe de la forme pour l'aveugle-né ? C'est donc arbitrairement que l'on rapproche la lumière de la forme ; ou la lumière devient tout autre chose que ce que nous appelons de ce nom. Enfin, Lamennais, par une autre simplification étrange, assimile la lumière et le son : « Entendre, c'est voir ». Lamennais s'appuie, pour le prouver, sur l'analogie des lois qui régissent le son et la lumière. Mais la même analogie, pour ne pas dire la même identité, se rencontre entre les lois de la lumière et celles de la chaleur ; et cependant Lamennais considère ces deux agens comme irréductibles l'un à l'autre ; pourquoi donc trouve-t-il plus facile d'assimiler la lumière et le son ? —

8

Enfin, c'est encore arbitrairement que Lamennais identifie la chaleur et l'attraction, l'une qui rapproche, l'autre qui sépare, l'une qui tend à la condensation, l'autre à la raré-faction. Mais Lamennais nie que la chaleur soit une force répulsive ; il n'y en a pas de ce genre ; elle est une forme expansive ; or l'expansion et la dilatation sont la manifes-tation et le développement de la force ; mais alors la cha-leur serait un principe de force et non d'union. Lamennais la rapproche de la vie, et c'est par là qu'il essaie de justifier son hypothèse. Au fond, ce sont des idées littéraires qui l'ont conduit à rapprocher la chaleur de l'amour, et par là d'en faire le principe d'union. Quoi qu'il en soit, l'expansion n'est pas moins contraire à l'attraction que la répulsion ; et ce n'est pas expliquer cette opposition que dire que l'at-traction et la chaleur sont les mêmes forces, considérées l'une dans la limite, l'autre substantiellement ; et enfin que l'attraction est soumise à des lois numériques ; car la chaleur l'est également. Ce sont là des conceptions aussi vagues qu'arbitraires, très peu d'accord avec les données de la science.

Une dernière question, qui se rattache plus à la méta-physique et à la théologie qu'à la cosmologie, c'est la ques-tion du mal. Lamennais croit nécessaire de la traiter avant d'entrer dans la science de l'homme. On ne peut s'expliquer la nature humaine, si l'on ne comprend pas d'abord la nature du mal ; car il n'y a de véritable mal que dans les êtres intelligens et libres, et nous ne connaissons d'êtres intelligens et libres que l'homme. Ici, Lamennais essaie de lutter avec Pascal dans la peinture du mystère de la nature humaine et de ses contradictions radicales. Il est loin sans

doute d'égaler son modèle, mais il se montre encore vraiment éloquent : « L'homme n'est pas ce qu'il devrait être.
Triste assemblage de tous les contrastes, il offre sans doute
d'importantes traces de grandeur, mais d'une grandeur
obscurcie, caduque, inachevée. Roi de la terre, il en change
la surface ; il dompte ses forces aveugles par la force supérieure qui réside en lui, et sa débile existence est le jouet
de tout ce qui l'environne. Sa pensée va saisir dans les
abîmes les plus reculés de la nature inorganique les premiers élémens de la forme, et s'élève jusqu'à la forme
infinie et éternelle ; et puis tout d'un coup on voit cette
intelligence se perdre dans un atome. Son amour aspire à
un bien immense ; il veut être heureux. Il souffre, il gémit,
il craint ; l'ennui, le dégoût, l'angoisse, sont devenus le
fond de sa vie, et la plainte sa voix naturelle. Effrayant
mystère, et qui l'expliquera ?... Le mal est dans le monde. »
L'homme est donc un être incompréhensible. C'est en lui
que le mal se présente sous la forme la plus aiguë, sous la
triple forme de la maladie, de l'erreur et du péché.

Malgré cette énergique peinture du mal, Lamennais est
absolument optimiste. Comme saint Augustin, comme
Leibniz, il croit que le mal n'est pas une réalité, mais une
conséquence de la limite, un moindre être, une négation.
Le mal physique en particulier n'est rien de réel. Il n'y a
de vrai mal que le mal moral, qui vient de la liberté de la
créature. La vraie cause du mal moral est la lutte qui
s'établit entre la loi d'unité qui porte l'être vers Dieu
comme vers sa source, et la loi d'individualité qui le dé-
tache de Dieu et le ramène à lui-même. C'est par la loi
d'individualité que les êtres qui en Dieu n'étaient séparés

que par une distinction purement idéale se séparent les uns
des autres, hors de Dieu, par une limite réelle. L'individualité est la condition de l'être fini. Mais alors, pourra-t-on
dire, si c'est l'individualité qui est la source du mal, et si
c'est cependant la loi de l'être fini, la création porte donc le
mal avec elle-même, en tant que création; dès lors, la respon-
sabilité remonte jusqu'à Dieu lui-même qui a créé. Aussi
Lamennais est-il embarrassé entre son optimisme, et ses
vieilles rancunes contre l'individualité, qu'il avait toujours
combattue comme source de tout mal. Il essaie de résoudre
le problème en disant que ce n'est pas l'individualité qui est
le mal, mais le renversement des termes, en vertu duquel
la loi d'unité est sacrifiée à celle d'individualité. L'individu
est et doit se subordonner à l'unité comme à son centre.
C'est la loi du Bien. Renverser les termes, sacrifier l'unité à
l'individualité, par exemple préférer le moi à la famille, la
famille à la patrie, la patrie à l'humanité, l'humanité à Dieu,
c'est la loi du mal. Le mal, c'est l'égoisme, c'est en même
temps le matérialisme, car l'individualité est constituée par
la limite, et la limite, c'est la matière.

Après cette explication générale du mal moral, Lamennais met en présence deux solutions du problème : la doctrine de la chute et la doctrine du progrès. Il est très sévère
pour la doctrine de la chute, c'est-à-dire pour la doctrine
chrétienne, dont il avait été si longtemps le violent et
implacable apologiste. Il l'explique de cette manière.
L'homme se voit dans son type, dans son modèle divin ;
il a le sentiment de la perfection idéale de ce modèle ; d'où
il conclut que l'homme a dû être créé conformément à ce
modèle ; et ne trouvant pas, à beaucoup près cette perfec-

tion sur la terre, il s'est dit que l'homme était déchu, et
que le mal était la punition d'une faute antérieure, d'un
crime originaire. Cette théorie est inadmissible. Elle repose
sur l'hypothèse d'un état primitif de perfection impossible
et manifestement opposé à la loi fondamentale de l'univers,
qui est la loi de progression. En outre, la transmission
héréditaire du péché renferme une contradiction absolue.
Quelle est la source du mal ? C'est la volonté, l'art propre
du moi dans un être individuel. Or la volonté est essentiellement incommunicable. Comment donc le péché pourrait-il
se transmettre par l'hérédité ? On allègue la transmission
héréditaire des maladies ; mais c'est une transmission
toute physique ; tandis que dans la doctrine théologique,
c'est le péché même, la volonté viciée, qui se transmet
d'individu en individu. L'identification de la race humaine
tout entière avec le premier homme prouve bien que l'on a
confondu l'homme réel avec l'homme type, c'est-à-dire
avec l'idée divine qui contient tous les hommes dans son
unité. On considère comme le signal de la chute l'apparition dans l'homme de la science du bien et du mal, qui
est au contraire le progrès le plus précieux et le plus
magnifique. Car, s'il est vrai que cette science rend possible
la chute de l'homme et la violation de ses lois qui est le
péché, en revanche elle l'affranchit de la fatalité et lui
ouvre l'entrée de l'ordre supérieur. Ce n'est pas là une déchéance. La vraie déchéance, c'est la création : c'est pour
tous les êtres la réalisation dans l'espace et dans le temps
de leur type idéal ; mais cette déchéance est inhérente à
l'existence même. Lamennais ne dit pas, mais il suppose,
que cette déchéance est compensée par le fait même de

8.

l'existence actuelle. Autrement, pourquoi Dieu aurait-il
créé? Pourquoi aurait-il imposé aux êtres qui jouissent
dans son entendement d'une perfection idéale l'imperfection
nécessaire de l'existence réelle?

A la doctrine de la chute, Lamennais oppose celle du
progrès. La création est soumise à une loi de progression
continue; en effet, à quelque degré de perfection relative
que vous la supposiez arrêtée, elle ne correspondrait plus
à la conception que Dieu s'est proposée en créant, à savoir
la manifestation de l'infini. Toute progression implique le
passage d'un état inférieur à l'état supérieur, suivant un
ordre régulier. Qu'est-ce que l'homme, par exemple, considéré comme individu? C'est d'abord un point vivant, un
atome liquide qui peu à peu se dilate, se coagule et s'organise, un germe dont l'évolution produit ce tout complexe et merveilleux que l'on appelle le corps humain. Les
facultés se développent suivant la même loi, depuis l'obscure conscience jusqu'à l'entier épanouissement de l'intelligence. Or la loi qui a présidé à l'évolution de l'homme intellectuel a dû présider également à l'évolution de l'humanité.
Le genre humain a eu son enfance, c'est-à-dire cette inno-
cence primitive qui a cessé avec l'apparition de la liberté,
c'est-à-dire avec le péché. Est-ce là un mal? Qui oserait le
dire? Qui oserait dire que l'enfant dépouvu de raison est
supérieur à l'homme? Qui ne plaindrait celui qu'un vice
d'organisation, un isolement fortuit ou toute autre cause,
condamnerait à vieillir dans une éternelle enfance? Telle
est l'origine du mal moral. Quels en sont les remèdes?
Comme il a combattu l'explication théologique du mal,
Lamennais combat aussi l'hypothèse théologique d'une

réparation surnaturelle, c'est-à-dire la doctrine de la rédemption. Cette hypothèse, et en général l'hypothèse du
surnaturel, implique contradiction. Il n'y a que deux sortes
de lois : les lois de l'infini et les lois du fini. Mais les unes
et les autres, dans leur propre sphère, sont naturelles. Les
lois qui régissent la nature de Dieu sont aussi naturelles en
Dieu que les lois qui régissent la nature de l'homme sont
naturelles en l'homme ; mais introduire dans l'ordre fini
les lois qui régissent l'infini (et c'est en cela que consiste
essentiellement le surnaturel), c'est la violation de la nature des choses. Appliquer à la solution du problème du
mal cette doctrine qui met entre les mains de Dieu le salut
des hommes conduit à la prédestination, et engendre soit un
fanatisme sombre et lugubre, soit une superstition funeste.
Elle détourne l'homme d'une lutte corps à corps contre le
mal, soit dans la nature, soit dans la société. Si cette doctrine dominait seule, sans les résistances que lui oppose
la conscience humaine, la terre, par l'inertie des bons,
serait transformée en lieu de misère indicible, d'inénar-
rable désolation, en une sorte de demeure infernale. C'est
donc dans la nature même que l'homme doit chercher le
remède : c'est par l'intelligence et l'amour que nous pouvons lutter contre le mal. « La lumière et l'attrait, voilà la
grâce selon la nature, et la nature, c'est la grâce. » Par les
lois de la nature elle-même, c'est-à-dire par le développement de l'intelligence et de l'amour, le mal tend sans cesse
à diminuer dans le monde. Il y aura toujours, et de plus
en plus, plus de bien et moins de mal. Si l'on s'y trompe
souvent, c'est qu'on considère plutôt les individus que les
peuples, et plutôt les peuples que le genre humain tout

entier, et aussi parce que l'un des effets du progrès est de rendre moins vif le sentiment des biens que l'on possède que celui des biens qui manquent encore.

On remarquera que Lamennais, qui dans sa vie a sans cesse apporté un esprit d'amertume et de haine qui l'a mis en lutte avec ses semblables de la manière la plus douloureuse pour lui-même, un esprit de pessimisme qui lui fait voir partout des méchants corrompus, se place, au contraire, en philosophie, au point de vue du plus haut optimisme. Toutes les misères, toutes les larmes, tous les désordres du monde s'effacent pour lui devant l'idée suprême, vers laquelle gravitent tous les êtres, par une ascension continue dont les maux relatifs et provisoires dont nous souffrons sont les degrés. Comment ne s'est-il pas appliqué à lui-même, dans la conduite de sa vie et dans son commerce avec les hommes, la haute placidité dont il fait preuve dans cette page magnifique : « Qu'au lieu de s'abandonner à la tristesse et au découragement, l'homme se réjouisse dans sa destinée, et qu'il bénisse la suprême puissance qui la lui a faite ! Qu'il comprenne que la création n'offre d'autre mal que la limitation sans laquelle son existence serait impossible. Qu'il comprenne que le mal moral, exclusivement propre à l'être individuel, est étranger au tout, que les suites douloureuses de ce mal en préparent le terme ; qu'en vertu de la loi de progression, le bien s'accroît perpétuellement, et perpétuellement aussi le mal s'affaiblit dans l'humanité, du reste à peine naissante. La tâche de chacun est de coopérer à ce progrès, afin de seconder la puissance créatrice dans l'accomplissement de son œuvre, qui, à travers tous les degrés d'êtres, s'approche incessamment du principe de l'être, du terme infini qu'avant tous les temps lui assignèrent la souveraine sagesse et l'éternel amour. »

La question du mal étant l'introduction nécessaire à la science de l'homme, la méthode voudrait que l'on passât à cette science, qui occupe dans l'*Esquisse* la presque totalité du second volume. Nous devons dire qu'à nos yeux cette seconde partie est loin d'être aussi intéressante que la première. La raison en est dans le dédain et dans l'aversion que Lamennais a toujours professés pour les études psychologiques. Il en résulte, quand il parle de l'homme, et surtout de l'homme intellectuel et moral, un vague qui n'est pas loin de la banalité. Nous craindrions aussi de fatiguer le lecteur en prolongeant trop l'analyse et l'exposition de ces notions abstraites. Faisons remarquer seulement que, dans son anthropologie, Lamennais reste fidèle à son essai de synthèse, et ne sépare jamais l'homme physique de l'homme moral. De là sur l'organisation, sur la maladie, sur ce qu'il appelle l'état extra-naturel (le somnambulisme, le magnétisme), des vues qui ne manquent pas d'intérêt, mais qui cependant ne sont pas assez originales pour nous arrêter ; il suffit d'y renvoyer le lecteur. Passons à une autre partie de l'ouvrage, qui en est le brillant et heureux complément ; nous voulons parler de l'esthétique.

III

L'esthétique est une des parties de l'*Esquisse* qui ont obtenu le plus de succès, plus peut-être pour la beauté du

style et les passages brillans que l'on peut extraire que
pour l'originalité et le fond même des pensées. Dans son
ensemble, l'esthétique de Lamennais est idéaliste et platonicienne, comme celle de V. Cousin dans *le Vrai, le Beau et
le Bien*. Comme celle-ci aussi, c'est une esthétique littéraire,
plus intéressante par la forme que par l'analyse scientifique.
Enfin, les doctrines fondamentales sont les mêmes de part
et d'autre. Au point de vue de l'esthétique théorique, c'est-
à-dire des principes du beau en général, peut-être le livre
de Cousin l'emporte-t-il sur celui de Lamennais. Celui-ci ne
s'occupe ni de l'idée du beau au point de vue psychologique,
ni du beau dans la nature. Mais pour l'esthétique appliquée,
Lamennais reprend l'avantage. Il a peut-être sur les arts
plus d'idées originales, et il entre dans un plus grand
détail. Souvent cependant son esthétique se confond trop
avec une histoire de l'art.

L'art humain est une imitation de l'art divin, et il se
rattache à Dieu par son origine religieuse. C'est de l'idée
religieuse que Lamennais fait sortir tous les arts : telle est
l'idée mère de son esthétique. De même que le beau réel
est Dieu manifesté dans la nature qui lui sert de sanctuaire
et de temple, de même le beau dans les arts a son origine
dans le temple humain, c'est-à-dire dans la demeure que
l'homme a élevée à Dieu. Semblable à la création dont il
est l'image, le temple est l'expression de la divinité. Comme
la création, il émane de Dieu, et tend à s'étendre, à se
dilater pour ainsi dire, afin d'exprimer par la variété l'unité
infinie. Le temple, en même temps qu'il représente Dieu,
représente aussi l'homme et l'idée que l'homme se fait de
Dieu. Le temple doit donc varier selon les diverses con-

ceptions philosophiques et religieuses. Ainsi le temple indien est panthéistique ; le temple égyptien est plein de l'idée de la mort ; le temple chrétien surtout est l'expression de l'idée chrétienne. Lamennais développe cette pensée dans une page d'une merveilleuse poésie : « Symbole de la divine architectonique, le temple chrétien exprime par ses fortes ombres et la tristessse de ses demi-jours la défaillance de l'univers obscurci par la chute. Une douleur mystérieuse vous saisit au seuil de cette sombre enceinte, où la crainte, l'espérance, la vie, la mort, exhalés de toutes parts, forment par leur mélange indéfinissable une sorte d'atmosphère silencieuse qui calme, assoupit les sens, et à travers laquelle se révèle, enveloppé d'une lueur vague, le monde invisible. Une secrète puissance vous attire vers le point où convergent les longues nefs, là où réside voilé le Dieu rédempteur... Dans ses axes croisés, il offre l'image de l'instrument du salut universel ; au-dessus, celle de l'arche, unique asile, aux jours du déluge, des espérances du genre humain. Les courbures ogivales, les flèches qui de partout s'élancent, le mouvement d'ascension de chaque partie du temple et du temple entier, expriment aux yeux l'aspiration naturelle, éternelle de la créature vers Dieu. »

L'architecture est donc le premier des arts et la base de tous les autres. Elle répond, dans la création, au monde inorganique. Ses lois sont des lois mathématiques ; au point de vue de l'utilité, l'architecture dépend des lois de la pesanteur et de la résistance des corps ; et au point de vue esthétique, elle dépend des lois géométriques de la forme et des relations harmoniques des lignes. L'architec-

ture rappelle encore l'unité de la nature. Mais dans la nature, l'unité est immense, infinie, indéterminée. Dans l'art,
au contraire, l'unité doit être immédiatement aperçue. De
là le caractère de symétrie qu'affectent les œuvres archi-
tecturales. Mais cette unité est un peu factice. En agran-
dissant les proportions et en dissimulant l'unité abstraite
sous la variété des détails, elle imite, autant qu'il est en
elle, l'unité variée de la nature.

De l'architecture, comme d'une matrice commune, se
dégagent, par une sorte de travail organique, les arts
divers qu'elle contenait virtuellement. Son développement
est semblable à celui de la nature, qui commence aussi par
l'architecture, puisqu'elle travaille d'abord à fonder la struc-
ture solide du globe ; bientôt elle se couvre de végétaux,
puis d'animaux, et enfin l'homme apparaît, avec toutes les
splendeurs de l'intelligence. Tel est aussi l'ordre et le plan
des différens arts. « Le temple a aussi sa végétation. Ses
murs se couvrent de plantes variées ; elles serpentent en
guirlandes le long des corniches et des plinthes, s'épanouis-
sent dans les ouvertures laissées à la lumière, se glissent
sur les nervures des cintres, embrassent comme la liane
des forêts les formes sveltes des pyramides semblables à
des pointes de rochers, et montent avec elles dans les airs,
tandis que le tronc des colonnettes pressées en faisceaux
se couronne de fleurs et de feuillage. La pierre s'anime
de plus en plus ; des multitudes d'êtres nouveaux, d'êtres
vivans, se produisent au sein de cette magnifique création
que l'homme vient compléter et qu'il résume dans sa noble
image. »

Tout ce monde de pierres est l'œuvre de la sculpture, qui

se lie d'abord à l'architecture, et qui peu à peu s'en dégage. Originairement l'édifice était nu et se composait exclusivement des parois de l'édifice. Peu à peu, certaines parties se séparent ; les colonnes, par exemple, qui soutiennent le toit. La colonne à son tour est d'abord nue elle-même ; elle est carrée ; puis elle s'arrondit ; puis elle se termine en moulure ; puis la moulure devient feuillage. Bientôt les murs eux-mêmes s'animent et se couvrent de reliefs. Les animaux succèdent aux plantes ; l'homme apparaît, mais sans se séparer tout d'abord de la pierre qui lui sert de soutien. Les formes deviennent peu à peu de plus en plus saillantes ; elles finissent par se séparer de la pierre : elles subsistent alors pour elles-mêmes. La sculpture est née. Elle existe lorsqu'elle est arrivée à la statue.

La sculpture est un art plus complexe et plus profond que l'architecture. Celle-ci n'a que des surfaces et des lignes. La sculpture a quelque chose d'intérieur. Elle représente le monde de la vie, comme l'architecture le monde inorganique ; il faut qu'elle fasse vivre le marbre. Il faut que la poitrine respire, que le sang circule, que les muscles palpitent. La sculpture, comme l'architecture, reflète les croyances d'un peuple. Dans une religion panthéiste, elle n'a pas sa place. En dehors de l'infini, il n'y a rien. La sculpture ne peut représenter que des colosses informes, des monstres qui sont les emblèmes de la vie universelle, dans lesquels se combinent les formes de l'animal et de l'homme pour symboliser l'unité de la création. Telle est la sculpture indienne. En Egypte, Lamennais voit dans l'immobilité de la statue l'image de la mort qui domine cette religion. La momie, enveloppée de ses bandelettes, est le

premier type de la statue. En Grèce, la statue devient
humaine. La beauté divine s'y confond avec la beauté de
l'homme, et la beauté idéale et spirituelle avec la beauté
physique. L'art chrétien, par son culte de l'idée pure et
son dédain de la forme sensible, tend à négliger la sculpture.
La sculpture chrétienne sacrifie le corps à la tête, et, dans
la tête même, la beauté physique à la beauté morale.
Inspirée par l'idée de la chute et de la rédemption qui sont
les deux pôles du dogme, elle symbolise l'une et l'autre
dans deux sortes de créations dont les unes relèvent de
Satan, les autres de Jésus-Christ. Ce sont les deux types
correspondant aux deux aspects de la vie. Un autre type
original de l'art chrétien, c'est la Vierge.

L'architecture et la sculpture ont pour objet les solides
et les reliefs, c'est-à-dire l'étendue réelle de trois dimensions. Mais la nature ne nous offre pas seulement des
solides. Elle a une qualité qui est une partie importante
de la vie, à savoir la couleur, inséparable sans doute de
l'étendue, mais qui n'a besoin que de surfaces pour exister.
Si donc le monde réel a sa couleur, le monde idéal créé
par l'art, et qui est un second monde parallèle à celui de
la nature, doit avoir aussi sa couleur. Ici encore l'apparition et le développement de ce nouvel art se rattachent
à la même origine, à l'architecture. Le temple par ses
jours, par ses ombres et ses lumières, par le ton même de
la pierre, a déjà une certaine couleur. Le vitrail est un
commencement de peinture. Certains monumens mêmes,
dans l'antiquité et au moyen âge, ont été coloriés. Mais
peu à peu la peinture se dégage et se sépare du fond archi-
tectural qui la soutenait jusque-là : elle existe pour elle

même. Sans doute, il lui faut toujours une base matérielle, une toile, une planche, une pierre : mais ce n'est qu'une condition. La couleur, au lieu d'être l'accessoire, est devenue le principal.

La différence fondamentale de la sculpture et de la peinture, c'est que l'une travaille sur des solides, l'autre sur des plans. Pour la peinture, la profondeur, la distance, le relief, ne sont que des effets d'optique. De là même naît une question que Lamennais n'examine pas, mais qui méritait d'être posée. Pourquoi la peinture se borne-t-elle à la surface ? Pourquoi avec l'avantage de la couleur qui lui est propre, ne se donnerait-elle pas en même temps les avantages de la sculpture, qui a pour elle le solide et le relief ? Quelle contradiction y a-t-il entre la couleur et la solidité ? Aucune, puisque l'une et l'autre coexistent dans la nature. Il semble cependant que les trois dimensions affaiblissent plutôt qu'elles n'augmentent l'effet pictural. C'est là un problème que nos naturalistes n'ont pas abordé. Ils veulent que la couleur reproduise matériellement la réalité même : pourquoi ne vont-ils pas plus loin ? Pourquoi se borner à des tableaux, à des plans coloriés ? Pourquoi ne pas aller jusqu'aux solides colorés ? Et, dès lors, pourquoi des figures de cire ne seraient-elles pas de l'art ? Que, dans une certaine mesure (la Minerve de Phidias, par exemple), les Grecs aient fait intervenir des matières différentes pour donner à la statue une sorte de couleur, c'est un essai que nous pouvons difficilement apprécier, parce qu'il est en dehors de nos usages ; mais ce n'a jamais été chez les Grecs une loi : la plupart des statues étaient en marbre non coloré. Dans la Minerve, d'ailleurs, ce n'était

que certaines parties qui étaient colorées, et encore à
l'aide de métaux et de pierres précieuses ; enfin, comme il
s'agissait d'une statue colossale qui devait être vue de loin,
ce pouvait être une nécessité d'optique. Ainsi la peinture
en général ne s'est appliquée qu'à des surfaces. Pourquoi
en est-il ainsi ? C'est ce que Lamennais ne se demande pas ;
et c'est aussi une question que l'esthétique en général ne
s'est pas posée.

La peinture, quoique réduite à la surface, a à sa disposition un champ bien plus étendu que la sculpture et l'architecture. Celles-ci ont sans doute besoin d'un milieu
extérieur ; elles ont un certain rapport avec les objets
environnans et doivent s'y harmoniser. Mais ce milieu
extérieur n'entre pas dans l'art lui-même. On ne place pas
un monument au milieu d'un jardin factice en pierre ; on
ne met pas une statue dans un cadre de statues faisant
tableau. Au contraire, la peinture réunit dans une seule
toile les monumens et la nature, les hommes, les animaux
et les plantes, le ciel et la terre. D'où vient cette différence ?
A la rigueur, la sculpture pourrait en faire autant. Elle
pourrait reproduire des scènes, des tableaux variés, des
drames. Dans le bas-relief, il y a quelque chose de semblable. Détachez le relief, séparez-le de la pierre et réalisez
extérieurement et isolément les différentes parties, vous
auriez un tableau en pierre, vous auriez, à ce qu'il semble,
l'équivalent de la peinture ; c'est ce qui n'a pas lieu. Sans
doute, la sculpture va jusqu'au groupe : elle reproduira un
homme à cheval ou Laocoon et le serpent, ou un fleuve
avec ses petits enfans qui représentent des rivières ; mais
elle ne va pas plus loin. Qui s'y oppose ? Pourquoi au lieu

d'un dieu, ne reproduirait-elle pas un Olympe tout entier?
Sans résoudre ce problème, que nous livrons aux esthéti-
ciens, disons qu'il semble bien en fait qu'il y a dans chaque
art une limite qu'il ne peut dépasser sans tomber dans un
excès de réalité qui ferait disparaître l'art.

La peinture n'est pas la réalité même. Autrement, dit
Lamennais, le daguerréotype serait au-dessus de Raphaël
et du Poussin. L'art n'est donc pas la simple imitation de
la nature. Il se mêle quelque chose de nous à tout ce que
nous voyons. Les grands paysagistes ne voient pas tous la
nature de la même manière. Maintenant une question nouvelle se présente. Pour peindre les choses de la nature, les
peintres ont à leur disposition deux moyens : le dessin et
la couleur. A proprement parler, le dessin lui-même est
une couleur ; car, pour distinguer une ligne, il faut qu'elle
soit colorée, en noir, en blanc, en rouge, peu importe ;
et dans l'art du dessin lui-même, les différens tons, et la
différence du noir et du blanc sont en réalité des couleurs.
Mais ce n'est qu'un minimum de couleur, une couleur de
convention, n'ayant d'autre but que faire distinguer la
forme. Au contraire, la couleur proprement dite vaut pour
elle-même à titre de couleur. De là ce débat entre les
diverses écoles de peinture : lequel de ces deux éléments
doit prédominer et avoir le plus de valeur, de la couleur
ou du dessin? Lamennais, comme tous les grands idéalistes, mettait le dessin au-dessus de la couleur. Il voyait
dans l'un l'esprit et dans l'autre la matière : l'un a plus de
rapport à la pensée, l'autre à la sensation. Plus l'art tend
à se spiritualiser, plus il attache d'importance au dessin ;
et réciproquement. Le coloris doit donc être subordonné

au dessin ; autrement l'art s'abaisse. Ce conflit de la couleur et du dessin est éternel. Je ne sais pas si la question
est bien posée. Le dessin est un art, et la peinture en est
un autre ; l'un est la base de l'autre, mais l'un n'est pas
l'autre. Le caractère essentiel et propre de la peinture est
la couleur; tant qu'on s'arrête au dessin, on n'est pas
peintre, on est dessinateur ; sans doute, il faut être d'abord
dessinateur pour devenir peintre, mais cela ne suffit pas,
et cela n'est pas l'essentiel du peintre ; ce n'est qu'une condition. La poésie, par exemple, suppose l'art d'écrire ; et
les règles fondamentales de cet art (propriété, précision,
suite dans les idées, correction, etc.) sont les mêmes pour
la prose que pour les vers ; on ne peut être un bon poète sans
être un bon écrivain ; mais on peut être un bon écrivain
sans être un bon poète. Le caractère essentiel du poète,
c'est l'imagination et le rythme. C'est cela seul qui fait le
poète ; de même, c'est la couleur qui fait le peintre. Autrement, pourquoi ne pas se borner au dessin tout seul,
puisqu'il existe à titre d'art distinct ? « Que n'écrit-il en
prose ? »

Pour la peinture, comme pour la sculpture, Lamennais
rattache l'origine de l'art à la religion et à ce qu'il appelle
le temple. Il dit peu de chose de la peinture antique, que
nous connaissons si peu. Il insiste surtout sur la peinture
chrétienne, et sur les deux types fondamentaux de cette
peinture, Jésus-Christ et sa mère. Il montre comment au
XVIᵉ siècle, la peinture fut une fusion de l'idée chrétienne
et de l'art antique. De là la perfection de l'art à cette
époque. Il place l'école flamande très au-dessous de l'école
italienne.

La sculpture et la peinture sont des arts plastiques qui représentent des formes et qui parlent à la vue. Il y a d'autres arts qui s'adressent à l'ouïe. Mais comme passage entre ces deux classes d'art, il y a un art intermédiaire que nos sociétés modernes considèrent comme inférieur, mais qui primitivement avait une attache immédiate, soit avec le patriotisme, soit avec la religion, et qui par là avait une dignité égale à celle des autres arts. C'est la danse. Et, en effet, si l'art est la reproduction idéale de la nature, nous ne devons pas seulement reproduire la forme et la couleur, mais encore le mouvement. Les trois premiers arts que nous avons signalés sont des arts immobiles. Dans la danse, au contraire, le mouvement est l'objet propre de l'art. Le mouvement a sa forme, comme les objets eux-mêmes : des danses forment des lignes, des courbes, des enchaînemens variés. Ce sont des formes mobiles toujours changeantes. Mais la danse ne se suffit pas à elle-même ; elle a besoin du secours du chant.

Les deux arts qui s'adressent à l'ouïe sont : la musique et la poésie. Les arts plastiques sont plus extérieurs ; les arts auditifs sont plus près de l'âme. C'est un débat entre la peinture et la musique. En un sens, la musique est plus sensuelle que la peinture, parce qu'elle parle moins à l'intelligence ; mais, en revanche, elle pénètre plus avant dans la sensibilité ; et, en ce sens, elle va plus loin, non seulement que la peinture, mais que la poésie elle-même. La musique est encore, comme les autres arts, un redoublement de la nature. Car la nature a sa voix ; mais à cette voix collective et générale qui est la voix de la nature, l'homme ajoute des modifications variées à l'infini, dont les unes, les modulations, sont le propre de la musique, et les autres, les articulations, deviennent l'origine de la poésie. Ces deux arts se rattachent au temple comme les précédens. La musique et la poésie sont l'une et l'autre religieuses avant de devenir profanes.

La voix, dans la musique, se décompose en deux espèces : la voix des instrumens, qui correspondent au monde inférieur, et la voix humaine. La voix des instrumens n'est d'abord en quelque sorte que la reproduction de la grande voix de la nature. C'est d'abord la cloche, et puis l'orgue, dont Lamennais décrit la puissance dans la langue la plus magnifique. Puis les instrumens se séparent et se distinguent, pour se réunir plus tard dans une nouvelle unité, qui imite encore, mais en la surpassant, l'unité de la voix universelle : c'est l'orchestre, admirable concours de tous les instrumens. Enfin, l'instrument des instrumens, parce qu'il est à la fois une voix de la nature et un instrument artificiel, c'est la voix humaine. De même que la peinture a à sa disposition deux moyens d'expression, la forme et la couleur, de même aussi la musique dispose de deux moyens qui sont la mélodie et l'harmonie. La mélodie correspond à la musique vocale, et l'harmonie à la musique instrumentale. La mélodie instrumentale dérive de la voix, comme l'harmonie vocale dérive des instrumens. Lamennais subordonne l'harmonie à la mélodie, comme il a fait plus haut la couleur au dessin. Cependant, le rapprochement est contestable, car il nous semble que l'harmonie correspondrait plutôt au dessin et la mélodie à la couleur. « La musique, dit Lamennais, est une sorte de plastique de l'ouïe. Elle revêt aussi d'un corps l'idée immatérielle, mais d'un corps aérien, impalpable, insaisissable dans son mouvement continu. Aussi, la musique émeut-elle plus qu'elle n'éclaire. C'est un langage indéterminé, qui nous donne non la claire vision, mais l'aspiration et le pressentiment de l'infini. »

La dernière expression de l'art, c'est la parole ; et, sous certaines conditions de mesure, de rythme et de son, c'est la poésie. Lamennais tient à ce que l'on ne confonde pas la poésie et le vers, qui en est la forme, ou plutôt une des formes, car elle n'est pas la seule. En parlant ainsi, Lamennais était orfèvre. Il sentait bien qu'il était poète ; car quelle plus grande poésie que celle de certaines pages des *Paroles d'un croyant*, et cependant il était hors d'état de faire des vers. Il était donc intéressé à soutenir que le vers n'est pas de l'essence de la poésie. Sans doute, la poésie a besoin de rythme ; mais le rythme n'a pas besoin d'être symétrique comme le vers. Le rythme non symétrique est une sorte de prose, que Lamennais compare au chant grégorien. Quoique dépourvue de mesure rigoureuse, la prose peut avoir ses rythmes qu'elle combine à son gré. Le vers, étant une forme plus artificielle, convient mieux aux personnages qui sont en dehors ou au-dessus des hommes, les dieux, les rois, les grands. Evidemment, c'est là une théorie bien exclusive. Sans doute, la prose peut avoir sa poésie ; mais il n'en est pas moins vrai que le vers est la forme essentielle de la poésie, et qu'il convient aussi bien aux sentimens humains, par exemple dans l'élégie, dans l'ode, dans la fable et la satire, qu'à l'expression des sentimens supérieurs à la nature.

La poésie se rattache au temple comme la musique, dont

9.

elle est la sœur. On ne peut chanter sans parler. La première
poésie est donc la poésie religieuse, l'hymne ; puis vient la
poésie philosophique. Bientôt la poésie devient de plus en
plus humaine. Elle enfante d'abord l'épopée, qui retient
encore en grande partie le caractère religieux primitif par
le merveilleux, qui en est l'essence. Bientôt le drame sort de
la religion : c'est des fêtes de Bacchus qu'est issue la tragédie grecque ; c'est de la cathédrale gothique que sont venus
nos mystères, source de la tragédie moderne. La comédie
elle-même a eu son origine dans les fêtes des fous ou de
l'Ane, travestissemens ridicules des cérémonies religieuses.
Entre ces deux formes de poésie dramatique, Lamennais
préfère hautement la tragédie à la comédie. Celle-ci répugne
à ses instincts idéalistes. Il fait à ce propos une analyse du
rire qui est originale, mais bien dure pour ceux qui rient.
« Le rire est la manifestation instinctive du sentiment de
l'individualité... Il naît de la joie d'être et d'être soi... Il
implique toujours un mouvement vers soi et qui se termine à
soi, depuis le rire de l'amère ironie, le rire effrayant du
désespoir, le rire de Satan vaincu, jusqu'au rire dégradé de
l'idiot et du fou... Allez au fond, vous le trouverez toujours
accompagné d'une secrète satisfaction d'amour-propre, de
je ne sais quel plaisir malin. Quiconque rit d'un autre se
croit en ce moment supérieur à lui. On rit de soi-même, il
est vrai ; c'est qu'alors le moi qui découvre le ridicule se
sépare de l'être dont il rit et jouit intérieurement d'une
sagacité qui l'élève dans sa propre estime... Jamais le rire
ne donne à la physionomie un caractère de sympathie et de
bienveillance... Il fait grimacer les visages ; il efface la
beauté... Qui pourrait se figurer le Christ riant ? » Malgré ce

réquisitoire contre le rire, Lamennais est obligé de reconnaître qu'il y a « un sourire de bonté, un sourire de ten-
dresse, comme dans la Vierge Marie souriant à l'Enfant
divin ». Mais il ne fait aucune part au rire joyeux et naturel qui vient de l'amour de la vie, et qui n'a rien de mal-
sain; Il conclut de cette analyse que, si la tragédie a son
origine dans les instincts sympathiques les plus élevés
de notre nature, la comédie a son principe dans l'amour
de soi, et que, par là, « sa tendance est opposée à celle
d'où résulte le perfectionnement moral ». Voilà qui est
bien sévère et qui n'est pas loin du paradoxe de Rousseau
contre le théâtre. Il est permis de croire que, dans ce
réquisitoire contre la comédie, Lamennais a subi le joug
de sa première existence, de cette vie ecclésiastique qui
l'avait éloigné du théâtre, et en particulier du théâtre
comique. Il était trop tard, lorsqu'il se fut émancipé, pour
se donner de nouveaux sentimens et de nouvelles émotions.

La poésie n'est pas ce qu'il y a de plus intellectuel dans
l'art. Elle parle encore à l'imagination et au sentiment
plus qu'à la raison. Elle ne découvre encore Dieu qu'à
travers des symboles. Il faut que l'art se rapproche encore
plus du vrai en soi, en exprimant les lois qui constituent
l'essence de la divinité et les lois que la divinité impose
à l'homme : c'est le dogme et la morale. Maintenant, ces
deux grands enseignemens peuvent être exposés de deux
manières : soit d'une manière abstraite et théorique, soit
sous une forme qui, tout en contenant plus de vrai
rationnel que la poésie, s'adresse cependant encore au
sentiment et à l'imagination ; c'est le dernier des arts :
c'est l'éloquence. Les vues de Lamennais sur cet art ne

contenant rien de particulièrement intéressant, nous nous contenterons de mentionner ici la fin de son esthétique.

Toute cette esthétique repose sur une idée ingénieuse et vraie. C'est que c'est du temple que tout art est sorti. L'art s'est successivement détaché de la religion. Mais l'art qui reproduit le mouvement de la nature, après s'être comme celle-ci séparé du divin pour vivre de sa vie propre, devrait aussi comme elle être soumis à une loi de retour qui le ramènerait au centre d'unité dont il est sorti. Sorti de la religion, il devrait y rentrer. Aussi Lamennais n'hésite pas à croire qu'il doit y avoir une foi future qui sera l'idéal de l'art dans l'avenir, comme la foi du passé a été son berceau. Il fait souvent allusion à cette foi idéale qui n'existe pas encore : « Espérons, dit-il, que la Providence, par une route ténébreuse, conduit les peuples à une demeure nouvelle ; et que la grande poésie de notre siècle, prêtresse d'une religion que l'on ne saurait nommer, porte en ses mains les symboles d'un Dieu inconnu. » Les destinées de l'art depuis Lamennais ne semblent pas trop d'accord avec ces nobles et belles espérances. Au lieu de se rapprocher de Dieu, l'art s'en est de plus en plus éloigné. Il a cherché ses inspirations soit dans les sombres tristesses du pessimisme, soit dans la peinture saisissante des plus brutales réalités. Nous ne pouvons prévoir l'avenir ; mais nous pensons avec Lamennais que, si l'art ne revient pas aux grandes sources, il périra tout à fait.

Pour terminer, tel est l'ensemble majestueux des conceptions dont se compose cette doctrine que Lamennais a si justement appelée l'Esquisse d'une philosophie. On ne peut y méconnaître une grande hauteur de vues, des percées

originales, un vaste effort de synthèse. Ce qui lui manque
le plus, c'est la science philosophique ; et c'est à la fois
pour lui un avantage et un inconvénient. Il retrouve par
lui-même, sans le savoir, beaucoup de théories déjà connues, et il leur donne par là son cachet propre. Mais peut-
être avec plus de science eût-il pu leur donner plus de
développement et de force. Peut-être aussi en eût-il mieux
vu les lacunes. Il n'en est pas moins vrai qu'il y a là des
idées fortes et fécondes dont il y aura à tenir compte lorsque l'on daignera revenir à ces hautes spéculations qui
sont l'honneur de l'esprit humain.

FIN

TABLE DES MATIÈRES

www.ingramcontent.com/pod-product-compliance
Lightning Source LLC
Chambersburg PA
CBHW050004100426

42739CB00011B/2502